CEDU(쎄듀)는 A **C**omprehensive **E**nglish e**DU**cation(종합적 영어교육)의 약자입니다.

펴낸이 김기훈 김진희

펴낸곳 ㈜쎄듀/서울시 강남구 논현로 305 (역삼동)

발행일 2018년 5월 4일 초판 1쇄

내용 문의 www.cedubook.com

구입 문의 콘텐츠 마케팅 사업본부

        Tel. 02-6241-2007

        Fax. 02-2058-0209

등록번호 제22-2472호

ISBN 978-89-6806-110-3

교과서 지식으로 영문 독해를 자신 있게!

리딩 릴레이

READING
RELAY

STARTER

저자

김기훈　現 ㈜ 쎄듀 대표이사
　　　現 메가스터디 영어영역 대표강사
　　　前 서울특별시 교육청 외국어 교육정책자문위원회 위원
　　　저서　천일문 / 천일문 Training Book / 천일문 GRAMMAR
　　　　　어법끝 / 어휘끝 / 첫단추 / 쎈쓰업 / 파워업 / 빈칸백서 / 오답백서
　　　　　쎄듀 본영어 / 문법의 골든룰 101 / ALL씀 서술형 / 수능실감
　　　　　거침없이 Writing / Grammar Q / Reading Q / Listening Q
　　　　　리딩 플랫폼 / 리딩 16 등

쎄듀 영어교육연구센터
쎄듀 영어교육센터는 영어 콘텐츠에 대한 전문지식과 경험을 바탕으로
최고의 교육 콘텐츠를 만들고자 최선의 노력을 다하는 전문가 집단입니다.

장혜승 선임연구원

교재 개발에 도움 주신 분들

강성규선생님 (SK English Clinic)　　강아현선생님 (서울 연희중학교)　　곽동윤선생님 (前 평촌 용샘의 영어날개)
김나하나선생님 (부산 혜광고등학교)　김수현선생님 (용인 sky 학원)　　김영미선생님 (군산 EiE 학원)
김유희선생님 (광주 루케테 영어교습소)　김윤수선생님 (수원 애드온학원)　김희진선생님 (진주 종로엠스쿨)
박지인선생님 (의정부 레몬티영어)　　박천형선생님 (수원 한빛학원)　　박혜진선생님 (종로 파고다어학원)
석태용선생님 (진주 시스템 영어학원)　여지영선생님 (광명 포텐업 영어학원)　이선화선생님 (포항 Sunny English(YBM리딩클럽))
장소연선생님 (대전 죽동 타임학원)　　전숙정선생님 (부산 링구아어학원 전국 본원)　조원웅선생님 (시흥 클라비스 영어 전문학원)

마케팅　　　콘텐츠 마케팅 사업본부
영업　　　　문병구
제작　　　　정승호
인디자인 편집　올댓에디팅
표지 디자인　윤혜영
내지 디자인　PINT Graphics
일러스트　　바니모모, 그림숲
영문교열　　Eric Scheusner

Preface

중등 독해 〈리딩 릴레이〉 시리즈를 펴내며

중등 독해, 무엇을 어떻게 읽어야 할까?

아이들은 짧고 재미있는 이야기를 읽기 시작해 점차 다양한 성격의 글을 접하게 됩니다. 하지만 학년이 올라가면서 영어에만 투자할 수 있는 시간이 점차로 줄어들기 때문에 무조건 많은 양의 읽기로 독해력을 키우는 것이 현실적으로 어렵습니다. 즉 학습할 과목이 늘어나는 중학교 시기에는 무작정 많고 다양한 글을 읽기보다 효과적이고 효율적인 읽기에 초점이 맞춰져야 합니다.

초등학교 때와 달리 중학교에서는 문법이 강조되고, 이후 고등학교에서는 그동안 쌓아온 어휘와 문법을 적용하여 빠르게 지문을 읽고 정확하게 내용을 파악하는 능력이 요구됩니다. 따라서 중학교 때 기본 어휘를 익히고 학습한 문법을 응용하여 글을 읽는 능력을 키우는 것이 중요합니다.

이를 위하여 본 시리즈는 효율적인 독해 학습을 위해 교육부가 지정한 필수 어휘와 교과 과정에 등장하는 소재를 바탕으로 한 지문들로 구성하였습니다. 또한, 중학교 교과목 내용과 관련된 배경 지식을 쌓으면서 영어 지문의 이해도를 높이고, 독해의 부담을 줄일 수 있도록 설계하였습니다.

❶ 탄탄한 어휘력은 효율적인 학습의 시작입니다.

어휘 학습은 글의 이해를 도와주는 중요한 역할을 합니다. 〈리딩 릴레이〉 시리즈는 교육부에서 지정한 필수 어휘 중 교과서에서 빈출되는 어휘와 주요 표현들을 지문 속에서 자연스럽게 학습하여 어휘력과 독해 실력을 동시에 쌓을 수 있습니다.

❷ 배경 지식 활용이 이해의 바탕이 됩니다.

중학교 교과목을 바탕으로 소재를 선정하여 관련되는 우리말 배경 지식을 쌓은 후, 이어지는 내용을 영어 지문으로 읽음으로써 조금 더 친근하게 영어 지문에 다가갈 수 있도록 구성하였습니다. 이렇게 쌓인 배경 지식은 또 다른 영어 지문을 대할 때도 이해력과 자신감을 높여주고 나아가 다른 교과목의 학습에도 시너지를 낼 수 있으리라 생각합니다.

효율적인 독해 학습을 돕는 〈리딩 릴레이〉 시리즈를 통해 학습 부담을 줄이고 교과 과정에 흥미를 더해줄 지식을 쌓으면서 독해의 즐거움을 느낄 수 있기를 바랍니다.

저자

Preview

〈리딩 릴레이〉의 구성과 특징

이 시리즈는 다음과 같이 구성되어 있습니다.

❶ 어휘와 배경 지식을 먼저 접하여 효과적인 독해 학습이 되도록 구성하였습니다.

❷ 영어 독해 실력 향상을 목표로 하는 학생뿐 아니라 영어 독해에 대해 두려움이나 거부감을 가진 학생들을 위한 책으로
지문 관련 내용과 좀 더 친숙해질 수 있습니다.

01   Chapter Preview

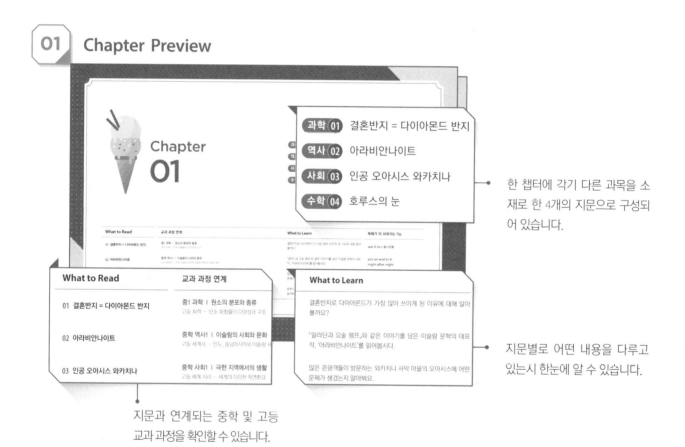

과학 01	결혼반지 = 다이아몬드 반지
역사 02	아라비안나이트
사회 03	인공 오아시스 와카치나
수학 04	호루스의 눈

한 챕터에 각기 다른 과목을 소재로 한 4개의 지문으로 구성되어 있습니다.

What to Read	교과 과정 연계
01 결혼반지 = 다이아몬드 반지	중1 과학 l 원소의 분포와 종류 고등 화학 – 탄소 화합물의 다양성과 구조
02 아라비안나이트	중학 역사1 l 이슬람의 사회와 문화 고등 세계사 – 인도, 동남아시아와 이슬람 세
03 인공 오아시스 와카치나	중학 사회1 l 극한 지역에서의 생활 고등 세계 지리 – 세계의 다양한 자연환경

지문과 연계되는 중학 및 고등 교과 과정을 확인할 수 있습니다.

What to Learn

결혼반지로 다이아몬드가 가장 많이 쓰이게 된 이유에 대해 알아볼까요?

「알라딘과 요술 램프」와 같은 이야기를 담은 이슬람 문학의 대표작, '아라비안나이트'를 읽어봅시다.

많은 관광객들이 방문하는 와카치나 사막 마을의 오아시스에 어떤 문제가 생겼는지 알아봐요.

지문별로 어떤 내용을 다루고 있는지 한눈에 알 수 있습니다.

교육부 지정 중학 필수 어휘

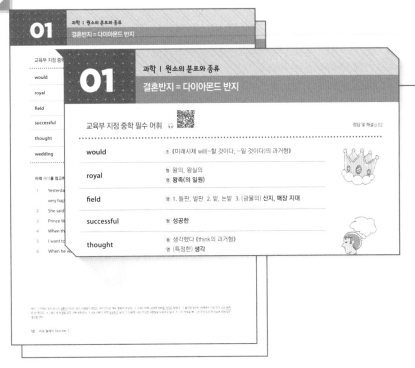

교육부에서 지정한 필수 어휘로, 중학교 교과서에 빈출되는 것 위주로 수록하였습니다.

또한, 휴대폰을 통해 QR코드를 인식하여 교육부 지정 중학 필수 어휘의 MP3 파일을 들을 수 있습니다.

START READING!

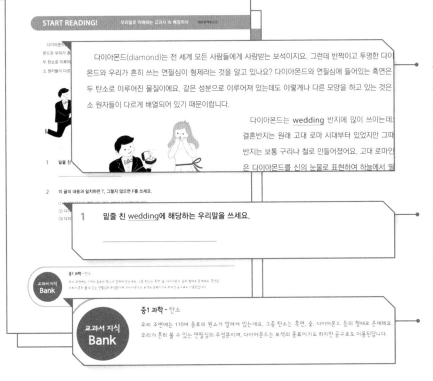

우리말로 가볍게 지문 관련 배경지식을 먼저 읽어보세요. 뒷 페이지에 이어지는 영어 지문을 자신 있게 읽어 내려갈 수 있습니다.

일치/불일치, 어휘, 영작 등의 문제를 통해 우리말 배경지식에 등장한 내용 및 필수 어휘를 확인해보세요.

[교과서 지식 Bank]를 통해 해당 과목 교과서 관련 내용을 읽어볼 수 있습니다.

04 KEEP READING!

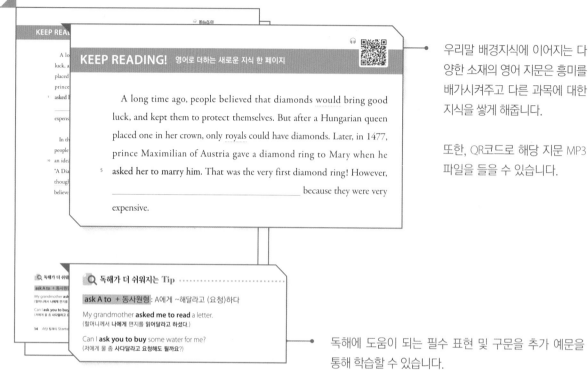

KEEP REA...

A lo...
luck, a...
placed...
prince...
asked l...

expens...

In th...
people...
an idea...
"A Dia...
though...
believe...

KEEP READING! 영어로 더하는 새로운 지식 한 페이지

A long time ago, people believed that diamonds would bring good luck, and kept them to protect themselves. But after a Hungarian queen placed one in her crown, only royals could have diamonds. Later, in 1477, prince Maximilian of Austria gave a diamond ring to Mary when he asked her to marry him. That was the very first diamond ring! However, _____ because they were very expensive.

우리말 배경지식에 이어지는 다양한 소재의 영어 지문은 흥미를 배가시켜주고 다른 과목에 대한 지식을 쌓게 해줍니다.

또한, QR코드로 해당 지문 MP3 파일을 들을 수 있습니다.

독해가 더 쉬워지는 Tip

ask A to + 동사원형: A에게 ~해달라고 (요청)하다

My grandmother **asked me to read** a letter.
(할머니께서 나에게 편지를 읽어달라고 하셨다.)

Can I **ask you to buy** some water for me?
(저에게 물 좀 사다달라고 요청해도 될까요?)

독해에 도움이 되는 필수 표현 및 구문을 추가 예문을 통해 학습할 수 있습니다.

05

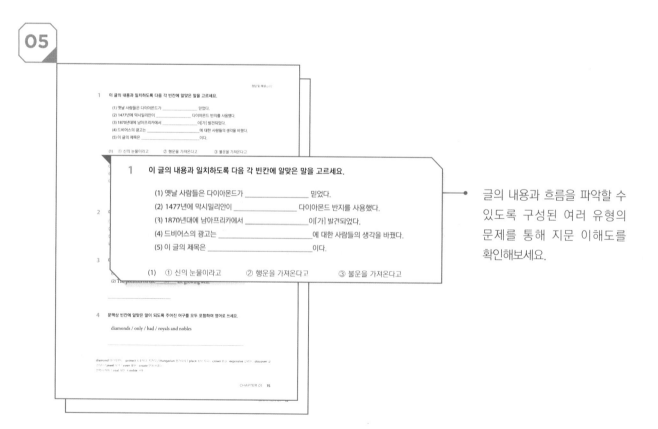

1 이 글의 내용과 일치하도록 다음 각 빈칸에 알맞은 말을 고르세요.

(1) 옛날 사람들은 다이아몬드가 _____ 믿었다.
(2) 1477년에 막시밀리안이 _____ 다이아몬드 반지를 사용했다.
(3) 1870년대에 남아프리카에서 _____ 이가 발견되었다.
(4) 드비어스의 광고는 _____ 에 대한 사람들의 생각을 바꿨다.
(5) 이 글의 제목은 _____ 이다.

(1) ① 신의 눈물이라고   ② 행운을 가져온다고   ③ 불운을 가져온다고

글의 내용과 흐름을 파악할 수 있도록 구성된 여러 유형의 문제를 통해 지문 이해도를 확인해보세요.

06 별책 부록 - 단어 암기장

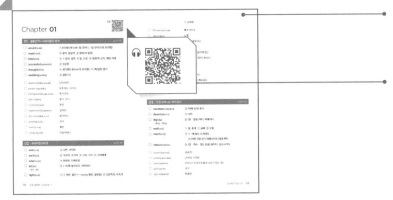

별책 부록으로 단어 암기장이 함께 제공됩니다. 중학 필수 어휘와 지문에 나온 주요 어휘들을 수록하였습니다.

QR코드를 통해 단어 MP3 파일을 들을 수 있습니다.

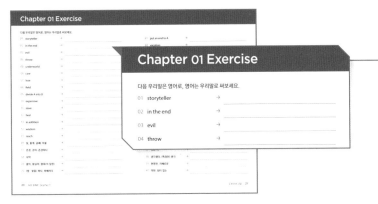

학습한 단어 의미를 복습하면서 어휘력을 기를 수 있습니다.

07 무료 부가서비스

1. 어휘리스트   2. 어휘테스트   3. 직독직해 연습지   4. 받아쓰기 연습지   5. 영작 연습지

학습을 돕는 부가서비스 자료들을 활용하여 복습할 수 있습니다.

무료 부가서비스 자료는 www.cedubook.com에서 다운로드 가능합니다.
1. MP3 파일 2. 어휘리스트 3. 어휘테스트 4. 어휘출제프로그램 5. 직독직해/받아쓰기/영작 연습지

Contents

Chapter
01

What to Learn	**독해가 더 쉬워지는 Tip**
결혼반지로 다이아몬드가 가장 많이 쓰이게 된 이유에 대해 알아볼까요?	ask A to + 동사원형
「알라딘과 요술 램프」와 같은 이야기를 담은 이슬람 문학의 대표작, '아라비안나이트'를 읽어봅시다.	put an end to A night after night
많은 관광객들이 방문하는 와카치나 사막 마을의 오아시스에 어떤 문제가 생겼는지 알아봐요.	the rich in addition
호루스의 눈이 나타내는 분수를 통해 고대 이집트인들의 지혜를 알아봐요.	have a baby[child/son/daughter] here and there

교육부 지정 중학 필수 어휘 🎧

정답 및 해설 p.02

would	조 《미래시제 will(~할 것이다, ~일 것이다)의 과거형》
royal	형 왕의, 왕실의 명 **왕족(의 일원)**
field	명 1. 들판, 벌판 2. 밭, 논밭 3. (광물의) 산지, 매장 지대
successful	형 **성공한**
thought	동 생각했다 《think의 과거형》 명 (특정한) **생각**
wedding	명 **결혼(식)**

아래 해석을 참고하여 다음 각 빈칸에 적절한 단어를 위의 목록에서 골라 쓰세요. (동사의 시제와 명사의 수에 유의)

1   Yesterday was my sister's _____. A lot of people came, and my sister looked very happy.

2   She said that she _____ call me yesterday.

3   Prince William is one of the most popular _____ in the world.

4   When they found a new oil _____, they jumped for joy.

5   I want to be _____ when I grow up. Then, I want to help poor people.

6   When he was young, he had many _____ on his future job.

해석 1 어제는 우리 언니의 결혼식이었다. 많은 사람들이 왔고 우리 언니는 매우 행복해 보였다. 2 그녀는 어제 나한테 전화할 거라고 말했다. 3 윌리엄 왕자는 세계에서 가장 인기 있는 왕족 중 한 명이다. 4 그들은 새 유전을 찾자 기뻐 날뛰었다. 5 나는 어른이 되면 성공하고 싶다. 그 다음에, 나는 가난한 사람들을 도와주고 싶다. 6 그가 어렸을 때, 그는 자신의 미래 직업에 대해 많은 생각을 했다.

다이아몬드(diamond)는 전 세계 모든 사람들에게 사랑받는 보석이지요. 그런데 반짝이고 투명한 다이아몬드와 우리가 흔히 쓰는 연필심이 형제라는 것을 알고 있나요? 다이아몬드와 연필심에 들어있는 흑연은 모두 탄소로 이루어진 물질이에요. 같은 성분으로 이루어져 있는데도 이렇게나 다른 모양을 하고 있는 것은 탄소 원자들이 다르게 배열되어 있기 때문이랍니다.

다이아몬드는 <u>wedding</u> 반지에 많이 쓰이는데요, 결혼반지는 원래 고대 로마 시대부터 있었지만 그때의 반지는 보통 구리나 철로 만들어졌어요. 고대 로마인들은 다이아몬드를 신의 눈물로 표현하여 하늘에서 떨어진 별 조각이라고 생각했다고 해요. 그만큼 귀한 보석이었을 텐데요, 그렇다면 다이아몬드가 대중적으로 결혼반지에 사용된 것은 언제부터일까요?

SEE THE NEXT PAGE! ≫

1 밑줄 친 <u>wedding</u>에 해당하는 우리말을 쓰세요.

_____

2 이 글의 내용과 일치하면 T, 그렇지 않으면 F를 쓰세요.

(1) 다이아몬드와 연필심은 같은 성분으로 이루어져 있다. _____

(2) 다이아몬드와 연필심은 탄소 원자들이 똑같이 배열되어 있다. _____

(3) 다이아몬드 반지는 고대 로마 시대 때부터 사용되었다. _____

교과서 지식 Bank

중1 과학 - 탄소

우리 주변에는 110여 종류의 원소가 알려져 있는데요, 그중 탄소는 흑연, 숯, 다이아몬드 등의 형태로 존재해요. 흑연은 우리가 흔히 볼 수 있는 연필심의 주성분이며, 다이아몬드는 보석의 종류이기도 하지만 공구로도 이용된답니다.

A long time ago, people believed that diamonds would bring good luck, and kept them to protect themselves. But after a Hungarian queen placed one in her crown, only royals could have diamonds. Later, in 1477, prince Maximilian of Austria gave a diamond ring to Mary when he
5 asked her to marry him. That was the very first diamond ring! However, _____ because they were very expensive.

In the 1870s, as people discovered diamond fields in South Africa, more people started to buy diamonds. In 1947, the jewel company De Beers had
10 an idea to sell even more diamonds. De Beers created the advertisement, "A Diamond Is Forever." It was very successful and changed many people's thoughts on diamonds and wedding rings. After that, people started to believe that they should use diamond rings for their wedding rings.

*advertisement 광고

🔍 **독해가 더 쉬워지는 Tip** ●

ask A to + 동사원형 : A에게 ~해달라고 (요청)하다

My grandmother **asked me to read** a letter.
(할머니께서 **나에게 편지를 읽어달라고** 하셨다.)

Can I **ask you to buy** some water for me?
(저에게 물 좀 **사다달라고 요청해도** 될까요?)

1 이 글의 내용과 일치하도록 다음 각 빈칸에 알맞은 말을 고르세요.

(1) 옛날 사람들은 다이아몬드가 _____ 믿었다.

(2) 1477년에 막시밀리안이 _____ 다이아몬드 반지를 사용했다.

(3) 1870년대에 남아프리카에서 _____이[가] 발견되었다.

(4) 드비어스의 광고는 _____에 대한 사람들의 생각을 바꿨다.

(5) 이 글의 제목은 _____이다.

(1) ① 신의 눈물이라고 ② 행운을 가져온다고 ③ 불운을 가져온다고

(2) ① 왕위에 오를 때 ② 메리와 결혼할 때 ③ 메리에게 청혼할 때

(3) ① 다이아몬드 산지 ② 다이아몬드 왕관 ③ 다이아몬드 반지

(4) ① 다이아몬드와 결혼반지 ② 다이아몬드의 가격

(5) ① 최초로 다이아몬드가 발견된 곳은 어디인가?

② 어떻게 다이아몬드 반지가 결혼반지가 되었을까?

③ 다이아몬드는 왜 비쌀까?

2 다음 중 이 글에서 언급되지 않은 것을 고르세요.

① 다이아몬드 반지를 처음으로 사용한 사람

② 오직 왕족이나 귀족들만 다이아몬드를 가졌던 이유

③ 드비어스의 광고를 만든 사람

④ 드비어스 광고의 성공 여부

3 다음 빈칸 (A)와 (B)에 공통으로 들어갈 단어를 본문에서 찾아 쓰세요.

(1) The coal ____(A)____ were closed because they are dangerous.

(2) The potatoes on the ____(B)____ are growing well.

_____

4 문맥상 빈칸에 알맞은 말이 되도록 주어진 어구를 모두 포함하여 영어로 쓰세요.

diamonds / only / had / royals and nobles

_____

diamond 다이아몬드 / protect 보호하다, 지키다 / Hungarian 헝가리의 / place 놓다, 두다 / crown 왕관 / expensive 값비싼 / discover 발견하다 / jewel 보석 / even 훨씬 / create 만들어내다
선택지 어휘 3 coal 석탄 4 noble 귀족

02

아라비안나이트

정답 및 해설 p.03

교육부 지정 중학 필수 어휘 🎧

evil	형 나쁜, 사악한
each	형 각자의, 각각의 대 각자, 각각 부 각자에게
wise	형 현명한, 지혜로운
let – let – let	동 (~하게) 놓아두다, 허락하다
right	형 1. 바른, 옳은 (↔ wrong 틀린, 잘못된) 2. 오른쪽의, 우측의 부 곧바로

아래 해석을 참고하여 다음 각 빈칸에 적절한 단어를 위의 목록에서 골라 쓰세요. (동사의 시제와 명사의 수에 유의)

1 When you are worried about something, talk with your parents. They will give you solutions because they are _____.

2 The question is very easy. I knew the answer _____ from the start.

3 He _____ the child touch his dog, Max.

4 A(n) _____ person does very bad things.

5 _____ student had a different answer to the problem.

해석 **1** 무언가에 대해 걱정될 때, 부모님과 얘기를 나눠 보세요. 그분들은 현명하기 때문에 해결책을 주실 거예요. **2** 그 문제는 아주 쉽다. 나는 시작부터 곧바로 답을 알았다. **3** 그는 그 아이가 그의 개 맥스를 만지도록 허락했다. **4** 사악한 사람은 매우 나쁜 일을 한다. **5** 각자의 학생은 그 문제에 다른 답을 가지고 있었다.

「알라딘과 요술 램프」, 「알리바바와 40인의 도적」, 「신드바드의 모험」과 같은 이야기들은 모두 우리에게도 익숙한 제목이죠? 이 이야기들은 모두 원래 「천일야화」에 실린 것들이랍니다. 「천일야화」는 「아라비안나이트」라고도 불리는데요, 페르시아에서 전해 내려오는 재미있는 이야기들로 구성되어 있는 설화예요. 그런데 왜 제목이 「천일야화」일까요? 그것은 1,001일 밤 동안 한 <u>wise</u>한 여자가 살기 위해 재미있는 이야기를 왕에게 들려준다는 것이 이 설화의 설정이기 때문이에요. 대체 왕은 어떤 사람이었던 걸까요? 또 여자와 왕은 어떤 관계였을까요? 그리고 **왜 그녀는 살기 위해 이야기를 해야만 했던 걸까요?**

SEE THE NEXT PAGE! ≫

1 밑줄 친 <u>wise</u>에 해당하는 우리말을 고르세요.

① 바른, 옳은 　　　　② 나쁜, 사악한 　　　　③ 현명한, 지혜로운

2 굵게 표시한 부분과 일치하도록 아래 단어를 알맞게 배열하여 문장을 완성하세요.

Why did she have to ＿＿＿＿＿＿＿＿＿＿＿＿＿＿? (to / tell / live / stories)

교과서 지식 Bank

중학 역사1 - 이슬람 세계의 학문과 예술

이슬람 세계에서는 그리스, 페르시아, 인도 등의 영향으로 천문학, 의학, 화학, 수학 등이 크게 발달했어요. 또한 문학도 발달하였는데, 세계 여러 지역의 설화를 재구성한 「아라비안나이트」가 대표적인 이슬람 문학 작품으로 꼽힌답니다.

One day, the Persian king, Shahryar, learned that his wife loved one of his slaves. He was angry and killed both of them. After that, he thought that all women were evil. So, he began to marry a new woman each night and kill her the next day.

5   Many people were afraid and left the kingdom. There were few women left. One day, a vizier's daughter, Scheherazade, asked to see the king. She wanted to put an end to the killing.

Scheherazade was wise and a great storyteller. So, she told the king a story, but she didn't end it. The king was curious about the end, so he let her live 10   another day. **Night after night**, Scheherazade finished one story and started a new one right after. This went on for 1,001 nights. In the end, the king realized that he was wrong about women and married Scheherazade.

*vizier (과거 이슬람국의) 고관, 장관

🔍 **독해가 더 쉬워지는 Tip** ••

put an end to A : A를 끝내다, 그만두게 하다

We need to **put an end to the garbage problem**. It smells really bad here.
(우리는 **쓰레기 문제를 끝내**야 한다. 여기에서 정말 지독한 냄새가 난다.)

night after night : 매일 밤, 밤마다

The mother is very tired because her baby cries **night after night**.
(아기가 **매일 밤** 울기 때문에 그 엄마는 매우 피곤하다.)

1 이 글의 내용과 일치하도록 다음 각 빈칸에 알맞은 말을 고르세요.

(1) 페르시아 왕 샤리아르(Shahryar)는 모든 여자가 _____ 생각했다.

(2) 많은 사람들이 _____ 왕국을 떠났다.

(3) 셰에라자드(Scheherazade)는 _____ 요청했다.

(4) 이 글의 주제는 _____이다.

(1)　① 사악하다고　　　② 현명하다고　　　③ 노예라고

(2)　① 여자를 찾기 위해　② 궁금해서　　　③ 두려워서

(3)　① 멀리 떠나게 해달라고　② 왕국에 살게 해달라고　③ 왕을 보게 해달라고

(4)　① 페르시아의 잔인한 왕 샤리아르

　　② 여인의 목숨을 구한 1,001일 동안의 이야기

　　③ 셰에라자드의 안타까운 죽음

2 다음 중 이 글의 내용과 일치하지 <u>않는</u> 것을 고르세요.

① 샤리아르는 그의 아내와 노예를 죽였다.

② 샤리아르는 매일 한 여자와 결혼하고 다음 날 죽였다.

③ 셰에라자드의 이야기는 샤리아르를 궁금하게 했다.

④ 샤리아르는 1,001일 후에 셰에라자드를 죽였다.

3 다음 중 셰에라자드에 관해 언급되지 <u>않은</u> 것을 고르세요.

① 아버지의 직업

② 이야기꾼으로서의 재능

③ 왕에게 데려가 달라고 요청한 이유

④ 샤리아르와 결혼한 나이

4 밑줄 친 <u>one</u>이 가리키는 것을 같은 문장에서 찾아 쓰세요. (한 단어)

_____

Persian 페르시아의 / slave 노예 / leave 떠나다, 출발하다 / kingdom 왕국 / few 거의 없는, 조금밖에 없는 / put an end to A A를 끝내다, 그만두게 하다 / storyteller 이야기꾼 / curious 궁금한 / night after night 매일 밤, 밤마다 / go on (어떤 상황이) 계속되다 / in the end 결국 / realize 깨닫다

03 인공 오아시스 와카치나

교육부 지정 중학 필수 어휘 🎧

정답 및 해설 p.05

vacation	명 (여행 등의) **휴가**
desert	명 **사막**
dig – dug - dug	동 (땅·밭을) **파다, 파헤치다**
well	부 잘, 좋게 감 글쎄 명 **우물**
reach	동 1. ~에 닿다, 도착하다 2. (어떤 것을 잡기 위해) 손이나 팔을 뻗다
reduce	동 (양·액수·정도 등을) **줄이다, 감소시키다**

아래 해석을 참고하여 다음 각 빈칸에 적절한 단어를 위의 목록에서 골라 쓰세요. (동사의 시제와 명사의 수에 유의)

1   More trees will _____ the air pollution in the city.

2   They are _____ in the garden. They want to plant roses.

3   You will need to take a lot of water when you visit a _____. It is very hot and dry.

4   We will go on _____ when school ends. I can't wait.

5   The only way to _____ the island is to take a boat from here.

6   The boy dropped his ball into a _____. He will never get it back.

해석 1 더 많은 나무가 도시의 공기 오염을 줄일 것이다. 2 그들은 정원에서 땅을 파고 있다. 그들은 장미를 심기를 원한다. 3 사막을 방문할 때는 많은 물을 가져가야 할 것이다. 그곳은 매우 덥고 건조하다. 4 우리는 학교가 끝나면 휴가를 갈 것이다. 빨리 가고 싶다. 5 그 섬에 도달할 수 있는 단 한 가지 방법은 여기서부터 배를 타는 것이다. 6 그 남자아이는 우물 안으로 공을 떨어뜨렸다. 그는 절대 그것을 다시 찾을 수 없을 것이다.

페루 남쪽 지방에는 거대한 모래 언덕에 둘러싸인 와카치나(Huacachina)라는 마을이 있어요. 이곳에는 오아시스(oasis)가 하나 있는데, 페루의 화폐 중 50솔 지폐 뒷면에 그려져 있을 만큼 페루에서 아주 유명하고 상징적인 곳이에요.

'오아시스 마을'이라고 불리기도 하는 와카치나는 연 강수량이 25mm밖에 되지 않아 기후가 매우 건조한데요, 그런데도 이 마을은 아름다운 자연환경과 **인근의 사막에서 다양한 활동을 즐길 수 있다는 점 때문에 많은 사람들이 찾는 곳이랍니다.** 이 마을에 오아시스가 어떻게 생겼는지, 마을 사람들에게 오아시스가 어떤 의미인지 한번 알아볼까요?

SEE THE NEXT PAGE! ≫

1 이 글의 내용과 일치하면 T, 그렇지 않으면 F를 쓰세요.

(1) 와카치나 오아시스는 페루 화폐의 동전 뒷면에 그려져 있다. _____

(2) 와카치나는 '오아시스 마을'이라고도 불리며, 기후가 매우 건조하다. _____

(3) 와카치나는 너무 건조해서 사람들이 방문하지 않는다. _____

2 굵게 표시한 부분과 일치하도록 아래 단어를 알맞게 배열하여 문장을 완성하세요.

Many people visit the town because _____

_____ in the nearby desert. (enjoy / different / can / activities / they)

교과서 지식 Bank

중학 사회1 - 사막 지역의 주민 생활

사막은 날씨가 더워서 주민들이 반소매와 반바지를 입을 거라고 생각하기 쉽지만, 사실은 햇볕이 너무 뜨겁고 모래가 바람에 많이 날리기 때문에 보통 온몸을 감싼 옷을 입어요. 또, 무척 건조하긴 하지만 오아시스가 있는 곳에서는 농사를 짓기도 해요.

Huacachina in Peru is a small town with less than 100 people. Many tourists visit there because of the nearby oasis. In the past, people in Peru believed that the oasis had a special power to heal. So, only **the rich** visited the town for vacation. But now, the place is popular among people from all over

5 the world.

However, a newspaper in Peru says that the oasis is not the same as before. The oasis is slowly drying up because of the hot, dry weather of the desert. In addition, people in the area dug many wells to reach groundwater. This also reduced the water level in the oasis. So, the government started pumping

10 water into the oasis! But this is very hard because there are not enough water sources in the desert.

*groundwater 지하수

🔍 독해가 더 쉬워지는 Tip

the rich : 부자들

This place is a favorite resort for **the rich**.
(이곳은 **부자들**이 가장 좋아하는 리조트이다.)

in addition : 게다가, 또한

When you laugh, you will feel great. **In addition**, your brain will work better, too.
(웃으면 너는 기분이 좋아질 것이다. **게다가** 너의 두뇌 활동도 더 활발해질 것이다.)

1   **이 글의 내용과 일치하도록 다음 각 빈칸에 알맞은 말을 고르세요.**

(1) 관광객들은 _____ 때문에 와카치나를 방문한다.

(2) 오아시스는 _____ 때문에 천천히 말라가고 있다.

(3) 페루 정부는 _____ 시작했다.

(4) 이 글의 주제는 _____이다.

(1)   ① 오아시스   ② 사막   ③ 지하수

(2)   ① 증가하는 관광객   ② 덥고 건조한 날씨   ③ 주민들의 잘못된 믿음

(3)   ① 그 지역에 우물을 짓기   ② 물을 오아시스로 쏟아 붓기

(4)   ① 사람들이 와카치나를 좋아하는 이유

   ② 와카치나의 오아시스 수위가 낮아진 정도

   ③ 사라지는 와카치나의 오아시스

2   **다음 중 이 글의 내용과 일치하는 것을 고르세요.**

① 와카치나의 오아시스는 사람을 치유하는 힘이 있다.

② 와카치나는 잘 알려져 있지 않은 작은 도시이다.

③ 사람들은 지하수에 닿기 위해 많은 우물을 팠다.

④ 와카치나는 사막 치고는 수자원이 풍부한 편이다.

3   **다음 중 이 글에서 언급된 것을 고르세요.**

① 매년 와카치나를 찾는 관광객의 수

② 오아시스가 가진 치유력의 원천

③ 오아시스의 수위가 낮아진 원인

④ 와카치나에서 우물을 파는 방법

4   **다음 영영 뜻풀이에 해당하는 단어를 이 글에서 찾아 쓰세요.**

the time when you enjoy yourself away from home

_____

---

tourist 관광객 / **nearby** 근처의, 가까운 / **oasis** 오아시스 《사막의 물과 나무가 있는 곳》 / **past** 과거 / **special** 특별한 / **heal** 치유하다, 낫게 하다 / **the rich** 부자들 / **popular** 인기 있는 / **among** ~의 사이에 / **dry up** 바싹 마르다 / **in addition** 게다가, 또한 / **level** 높이 / **government** 정부 / **pump A into B** A를 B에 쏟아 붓다 / **enough** 충분한 / **source** 원천

교육부 지정 중학 필수 어휘 🎧

정답 및 해설 p.06

respect	몡 존경, 경의 동 존경하다	
throw – threw – thrown	동 던지다	
weak	형 약한, 힘이 없는	
lose – lost – lost	동 1. ~을 잃다, 분실하다 2. (경기 등에서) 지다	
wisdom	몡 지혜	

아래 해석을 참고하여 다음 각 빈칸에 적절한 단어를 위의 목록에서 골라 쓰세요. (동사의 시제와 명사의 수에 유의)

1 _____ comes from years of living and learning.

2 Some kids _____ stones and broke the windows.

3 People will _____ you for telling the truth.

4 I _____ my wallet. It was in my bag, but it is gone now.

5 After the accident, she became very _____. She couldn't walk well.

해석 1 지혜는 몇 년 동안의 삶과 배움으로부터 나온다. 2 몇몇 아이들이 돌을 던졌고 창문을 깨뜨렸다. 3 사람들은 진실을 말한 것에 대해 너를 존경할 것이다. 4 나는 내 지갑을 잃어버렸다. 그것은 내 가방 안에 있었는데, 지금은 사라졌다. 5 사고 후에, 그녀는 매우 약해졌다. 그녀는 제대로 걸을 수가 없었다.

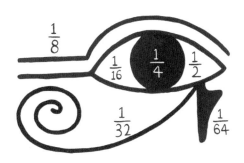

옆의 그림을 본 적 있나요? 이건 '호루스의 눈(the Eye of Horus)'이라고 하는데요, 왕권의 보호와 건강을 나타내는 고대 이집트의 상징이에요. 그때 이집트 사람들은 이 눈에 분모가 두 배씩 커지는 분수를 적어 넣었는데, 그 분수를 다 더하면 $\frac{63}{64}$이 돼요. 조금만 더 있으면 1이 완성되는데 왜 이런 합이 나왔을까요? 이집트 사람들은 나중에 지혜의 신 토트가 이 모자라는 부분을 **wisdom**으로 채워줄 것이라 믿었다고 해요. 호루스가 누구인지, 왜 그의 눈이 중요한 상징이 되었는지, 그리고 부족한 $\frac{1}{64}$에 대해서는 호루스의 눈에 관한 이야기를 읽어보면 더 자세히 알게 될 거예요.

SEE THE NEXT PAGE! »

1 밑줄 친 wisdom에 해당하는 우리말을 쓰세요.

_____

2 굵게 표시한 부분과 일치하도록 아래 단어를 알맞게 배열하여 문장을 완성하세요.

You will learn more about the $\frac{1}{64}$, _____

_____ the eye of Horus. (about / story / when /

read / you / the)

교과서 지식 Bank

중1 수학 - 나눗셈 기호의 생략

나눗셈에서는 나눗셈 기호 ÷를 생략하고 분수로 나타낼 수 있어요. 이를테면 3÷2를 $\frac{3}{2}$으로 쓰는 것이지요. ÷는 스위스의 수학자 란이 1659년에 발행한 책에 처음 쓰였는데요, 가로 막대 '−' 아래위의 각 점 ':'이 숫자를 나타낸다는 추측이 있어요.

The god of the underworld, Osiris, was an Egyptian king. Many people respected him. However, his brother, Set, was very jealous of the king. He wanted to become the king himself. So, ⓐ he killed Osiris and threw his body into the Nile River. Later, Osiris' wife, Isis, found the body. She also had a son,
5   Horus.

When Horus was born, ⓑ he was very weak. So, his mother had to hide him from Set. Under her care, he became strong. When he learned about his father's death, ⓒ he decided to fight Set to become the king. In the end, Horus won the battle with Set, but ⓓ he lost his left eye. Set divided the eye
10 into 6 pieces and hid them here and there. Other gods in Egypt found most of the eye, but the last piece was still missing. In the end, the god of wisdom, Thoth, helped and gave him the last piece of the eye.

🔍 **독해가 더 쉬워지는 Tip** ···

 have a baby[child/son/daughter] : 아기[아이, 아들, 딸]를 낳다

She is going to **have a baby** this September.
(그녀는 올 9월에 **아기를 낳을** 것이다.)

 here and there : 여기저기에

There were a number of houses **here and there** across the hillside.
(산비탈을 가로질러 **여기저기에** 몇몇의 집들이 있었다.)

1   이 글의 내용과 일치하도록 다음 각 빈칸에 알맞은 말을 고르세요.

> (1) 세트는 그의 형 오시리스를 _____.
> (2) 호루스는 어렸을 때 너무 약해서 세트로부터 _____.
> (3) 오시리스의 죽음을 알게 된 호루스는 _____ 결심했다.
> (4) 세트는 호루스의 눈을 나눠서 _____.
> (5) 이 글의 주제는 _____이다.

(1)   ① 좋아했다 　　　　② 그리워했다 　　　　③ 질투했다

(2)   ① 훈련을 받았다 　　② 숨어 지냈다 　　　　③ 치료를 받았다

(3)   ① 세트와 얘기하기로 　② 세트와 싸우기로 　　③ 세트를 나일 강에 던지기로

(4)   ① 여기저기에 숨겼다 　② 여러 사람에게 나눠 주었다

(5)   ① 호루스의 눈의 상징
　　　② 호루스의 눈을 만든 사람
　　　③ 호루스의 눈에 관한 신화

2   다음 중 이 글의 내용과 일치하지 <u>않는</u> 것을 고르세요.

① 많은 사람들이 오시리스를 존경했다.

② 세트는 오시리스를 죽이고 그의 시신을 나일 강에 던졌다.

③ 호루스는 전투에서 져서 왼쪽 눈을 잃었다.

④ 눈의 마지막 조각은 지혜의 신이 주었다.

3   글의 밑줄 친 ⓐ ~ ⓓ 중, 가리키는 대상이 나머지 셋과 <u>다른</u> 것을 고르세요.

① ⓐ 　　　② ⓑ 　　　③ ⓒ 　　　④ ⓓ

4   다음 영영 뜻풀이에 해당하는 단어를 이 글에서 찾아 쓰세요.

not having much strength or power

_____

underworld 지하 세계의 / Egyptian 이집트의 / jealous of ~을 질투하는, ~을 시기하는 / Nile River 나일 강 / have a son 아들을 낳다 / hide 숨기다 / care 돌봄, 보살핌 / in the end 결국 / divide A into B A를 B로 나누다 / piece 조각 / here and there 여기저기에 / still 여전히, 아직 / missing 없어진, (원래 있던 것이) 빠진

Chapter 02

What to Learn

다방면에 많은 업적을 남긴 가우스의 자연수 계산법 관련 일화를 읽어봅시다.

고려 시대 때 처음 쓰이기 시작한 이름 Korea, 거기엔 어떤 유래가 있는지 알아봐요.

처음으로 식물이 산소를 배출한다는 것을 밝힌 프리스틀리의 실험에 대해 읽어봅시다.

세계적으로 유명한 협곡, 그랜드 캐니언을 방문할 때 주의할 점들에 대해 알아봐요.

독해가 더 쉬워지는 Tip

keep A B
Here`s how + 주어 + 동사

This is when + 주어 + 동사

be made of

watch out (for A)

교육부 지정 중학 필수 어휘

정답 및 해설 p.08

few	형 거의 없는, 조금밖에 없는 ※ **a few** 다소의, 조금은 있는
correct	형 옳은, 정확한 동 (잘못을) 고치다, 바로잡다
shout	동 외치다, 큰 소리로 부르다
other	형 다른, 그 밖의 한 《복수형》 그 밖의 것; 그 밖의 사람들
surprised	형 놀란
pair	명 (두 개로 된) 한 쌍

아래 해석을 참고하여 다음 각 빈칸에 적절한 단어를 위의 목록에서 골라 쓰세요. (동사의 시제와 명사의 수에 유의)

1   I bought a new _____ of shoes yesterday.

2   The teacher smiled when the student gave the _____ answer.

3   I stayed in London for a _____ days. It was short, but I visited many places.

4   The boy _____ to his friend, but she couldn't hear him.

5   There are two sandwiches. One is mine, and the _____ one is my sister's.

6   I was _____ when my teacher danced in front of all the students.

해석 1 나는 어제 새 신발 한 켤레를 샀다. 2 선생님은 학생이 정확한 답을 맞혔을 때 미소를 지으셨다. 3 나는 런던에 며칠 동안 머물렀다. 짧았지만 많은 곳을 방문했다. 4 그 남자아이는 그의 친구에게 소리쳤지만, 그녀는 그의 소리를 듣지 못했다. 5 샌드위치가 두 개 있다. 하나는 내 것이고 다른 한 개는 우리 누나 것이다. 6 선생님께서 모든 학생들 앞에서 춤을 추셨을 때 나는 놀랐다.

가우스(Gauss)는 독일 출신의 수학자이자 천문학자이면서 물리학자이기도 했어요. 특히 수학 관련 업적이 뛰어나 19세기 최고의 수학자로 불리곤 합니다. 어린 시절에 가우스는 글 읽는 법을 배우기 전부터 계산하는 법을 배우는 등 수학 신동의 면모를 보였다고 해요. 가우스의 수학적 천재성에 관한 일화 중 가장 잘 알려진 이야기는 바로 1부터 100까지의 합에 관한 거예요. 수업시간에 선생님께서 내주신 문제의 답을 가우스는 단숨에 문제를 푼 후, <u>correct</u>한 답을 알아냈지요. 과연 **가우스는 어떻게 그 문제를 풀었을까요?**

SEE THE NEXT PAGE! ≫

1 밑줄 친 <u>correct</u>에 해당하는 우리말을 고르세요.

① 어려운   ② 틀린   ③ 정확한

2 굵게 표시한 부분과 일치하도록 아래 단어를 알맞게 배열하여 문장을 완성하세요.

How did _____? (the / Gauss / problem / solve)

교과서 지식 Bank

중1 수학 - 가우스의 업적

가우스는 수학, 천문학, 물리학 등 다방면에 유능했고, 그만큼 수많은 업적을 남긴 학자예요. 그중 한 가지가 수학에서 '다항식의 인수분해'라는 것인데요, 이건 고등학교 가기 전에 꼭 알아두어야 하는 내용이니 수학시간에 배우게 되면 잘 기억해두도록 해요.

When Gauss was in elementary school, ⓐ <u>his</u> teacher wanted to keep the students busy. So, he made them add up all the numbers from 1 to 100. ⓑ <u>He</u> wrote on the board "1+2+3+...+98+99+100" and waited for the answer from the students. A few seconds later, young Gauss gave him the correct answer. ⓒ <u>He</u> shouted, "It's 5,050!" He was so fast that the teacher and the other students were surprised. The teacher asked ⓓ <u>him</u>, "How did you do it so fast?" "It's easy," he answered. Here's how he solved the problem.

$$1 + 2 + 3 + ... + 50 + 51 + ... + 98 + 99 + 100$$

101
101
101
101

According to Gauss, there were 50 pairs of 101 in total. So he knew the answer was $50 \times 101 = 5{,}050$.

🔍 독해가 더 쉬워지는 **Tip** ••

keep A B : A를 B하게 유지하다

The cook always **keeps his knife sharp**.
(그 요리사는 언제나 **자신의 칼을 날카롭게 유지한다**.)

Here's how + 주어 + 동사: 이것이 ~ 하는 방법이다

Here's how you can get to the park.
(**이것이** 네가 공원에 갈 수 있는 **방법이다**.)

1 이 글의 내용과 일치하도록 다음 각 빈칸에 알맞은 말을 고르세요.

(1) 가우스의 초등학교 선생님은 학생들에게 1부터 100까지 _____ 시켰다.

(2) 몇 초 후에, 가우스는 _____ 소리쳤다.

(3) 가우스는 _____ 문제를 풀었다.

(4) 글의 주제는 _____이다.

(1) ① 곱하라고 　　　　　② 더하라고 　　　　　③ 써보라고

(2) ① 정확한 답을 　　　　② 어렵다고 　　　　　③ 틀린 답을

(3) ① 50에 101을 곱해서 　② 1부터 100까지 더해서

(4) ① 아무도 풀 수 없는 어려운 문제

　　② 가우스와 선생님의 갈등

　　③ 어려운 문제에 대한 가우스의 해답

2 글의 밑줄 친 ⓐ ~ ⓓ 중, 가리키는 대상이 나머지 셋과 <u>다른</u> 것을 고르세요.

① ⓐ 　　　② ⓑ 　　　③ ⓒ 　　　④ ⓓ

3 다음 중 이 글에서 언급되지 <u>않은</u> 것을 고르세요.

① 선생님이 학생들에게 문제를 낸 이유

② 다른 학생들이 말한 문제의 답

③ 가우스가 문제를 풀었을 때 사람들의 반응

④ 가우스가 문제를 푼 방법

4 다음 빈칸 (A)와 (B)에 공통으로 들어갈 단어를 본문에서 찾아 쓰세요.

(1) Some of your answers are wrong. You should ___(A)___ them.

(2) Listen, and circle the ___(B)___ words.

_____

add up 더하다, 합산하다 / second (시간 단위인) 초 / solve 풀다, 해결하다 / according to ~에 의하면 / in total 전체로서, 통틀어

교육부 지정 중학 필수 어휘 🎧

정답 및 해설 p.09

foreign	혱 외국의
product	몡 생산품, 제품
expensive	혱 값비싼, 돈이 많이 드는
among	젠 ~의 사이에, ~의 가운데에 《보통 셋 이상의 사물, 사람인 경우》
popular	혱 인기 있는

아래 해석을 참고하여 다음 각 빈칸에 적절한 단어를 위의 목록에서 골라 쓰세요. (동사의 시제와 명사의 수에 유의)

1   She is very _____ in school. Many people like her.

2   This computer is very _____. I don't have enough money for it.

3   _____ his classmates, he is the tallest in his class.

4   This store sells many kinds of _____ like clothes, bags, and shoes.

5   To learn a _____ language is very difficult. It takes a lot of time and practice.

해석 1 그녀는 학교에서 아주 인기가 많다. 많은 사람들은 그녀를 좋아한다. 2 이 컴퓨터는 매우 비싸다. 나는 그것을 살 돈이 충분하지 않다. 3 그의 반 친구들 사이에서 그는 반에서 가장 키가 크다. 4 이 가게는 옷, 가방, 그리고 신발과 같은 많은 종류의 제품들을 판다. 5 외국어를 배우는 것은 매우 어렵다. 많은 시간과 연습이 필요하다.

우리나라를 영어로 표기할 때 Korea, South Korea, Republic of Korea 이렇게 세 가지로 쓴다는 것을 알고 있나요? 영어 외에 **foreign** 언어로는 어떻게 표기할까요? 영어식 표기를 그대로 따라 쓰는 곳도 있지만, 프랑스에서는 Corée(코레), 이탈리아에서는 Corea(코레아), 러시아에서는 Корéя(까레야) 등으로 표기한답니다. 이처럼 우리나라는 세계 여러 나라에서 '코리아'와 비슷한 발음으로 불리곤 하는데요,

그렇다면 이 '코리아'라는 이름은 언제 최초로 쓰였을까요? 그 역사는 꽤 오래전으로 거슬러 올라간답니다. 918년부터 1392년까지 지속된 고려 시대 때부터 쓰였는데요. 그때 고려를 드나들던 외국 상인들에 의해 처음 생겨난 후 지금까지 유지되어 오고 있어요.

SEE THE NEXT PAGE! ≫

1 밑줄 친 foreign에 해당하는 우리말을 쓰세요.

_____

2 이 글의 내용과 일치하면 T, 그렇지 않으면 F를 쓰세요.

(1) 우리나라를 영어로 표기할 때 3가지 방법이 있다. _____

(2) 러시아에서는 우리나라를 Corea(코레아)로 표기한다. _____

(3) '코리아'는 고려에 왔던 외국 상인들에 의해 생겨난 이름이다. _____

교과서 지식 Bank

중학 역사1 - 신안 해저선

1975년 신안 앞바다에서 한 어부의 그물에 유물이 걸려온 것을 시작으로 신안 해저선이 발견되었어요. 중국에서 일본으로 향했던 무역선으로 추정되는 이 배에서 여러 도자기, 동전 등 약 2만 점의 유물이 발견되었어요. 이 많은 유물 중에는 고려청자도 있었다고 하는데요. 고려에서 중국으로 수출된 것을 일본에서 다시 수입해 간 것으로 추측된다고 해요. 그 당시 고려청자가 다른 나라에도 알려져 있음을 보여주는 증거라고 할 수 있답니다.

The Goryeo dynasty was open to other <u>foreign</u> countries. They wanted to learn about other cultures. They also wanted to learn about the <u>products</u> from other countries. Many people from different countries visited Goryeo through Byeokrando. Byeokrando was a gateway to the capital city, Gaeseong.

5 They sold things to and bought things from sellers in Goryeo. Many people came from Song, China. Sellers from Song, China, sold silk, herbs, books, and musical instruments. There were Arabian sellers, too. They sold the Goryeo people spices, plants for making medicine, and many different <u>expensive</u> things. Sellers from Goryeo sold <u>them</u> gold, silver, Goryeo celadon,

10 ginseng, paper, and fans. These products were famous <u>among</u> sellers because of their good quality. This is when the name "Goryeo" became <u>popular</u> in the outside world. The name "Korea" came from "Goryeo" during this time.

*spice 향신료
**Goryeo celadon 고려청자

🔍 독해가 더 쉬워지는 Tip ●

This is when + 주어 + 동사: 이것이 ~한[하는] 때이다

This is when your body temperature goes up.
(이것이 너의 체온이 올라가는 **때이다**.)

This is when they began to love the scary movies.
(이것이 그들이 무서운 영화를 좋아하기 시작한 **때이다**.)

1 이 글의 내용과 일치하도록 다음 각 빈칸에 알맞은 말을 고르세요.

(1) 고려 사람들은 _____을[를] 알고 싶어 했다.

(2) 다른 나라 사람들은 _____을[를] 통해 고려의 수도로 갈 수 있었다.

(3) 송나라 사람들은 고려에서 _____을[를] 팔았다.

(4) 고려가 다른 나라 상인들에게 인기 있었던 이유는 _____ 때문이다.

(5) 이 글의 제목은 _____이다.

(1)　① 약을 만드는 방법　　② 다른 나라 문화　　③ 청자 만드는 법

(2)　① 송나라　　　　　　② 개성　　　　　　③ 벽란도

(3)　① 인삼과 종이　　　　② 향신료와 비싼 물건들　③ 비단, 책, 악기

(4)　① 가격이 비싸지 않기　　　　② 물건의 품질이 좋았기

(5)　① 고려가 외부 세계에서 유명해진 이유

　　② 고려청자가 유명한 이유

　　③ 고려의 개방이 가져온 변화

2 다음 중 이 글의 내용과 일치하는 것을 고르세요.

① 다른 나라에서 온 상인들은 개성을 통해 고려로 갔다.

② 대부분의 상인들은 송나라에서 왔다.

③ 아라비아의 상인들은 너무 멀어서 고려에 올 수 없었다.

④ 인삼과 종이는 고려 사람들에게 인기 있었다.

3 밑줄 친 **them**이 가리키는 것을 글에서 찾아 쓰세요. (두 단어)

_____

4 다음 중 이 글에서 언급되지 <u>않은</u> 것을 고르세요.

① 고려가 다른 나라에 개방한 이유

② 고려의 수도

③ 약초로 약을 만드는 방법

④ 고려가 인기 있었던 이유

dynasty 왕조, 왕가 / **culture** 문화 / **through** ~을 통해서 / **gateway** 입구, 관문 / **capital city** 수도 / **silk** 비단, 실크 / **herb** 약초, 식용 식물 / **musical instrument** 악기 / **Arabian** 아라비아의 / **medicine** 약, 내복약 / **ginseng** 인삼 / **fan** 부채 / **quality** 질, 품질

03

교육부 지정 중학 필수 어휘

정답 및 해설 p.11

experiment	명 (과학적인) **실험**
	동 실험하다
hurt – hurt – hurt	동 1. 다치게 하다, 상하게 하다 2. 아프다
	형 다친, 상한
plant	명 **식물**
	동 (식물을) 심다
simply	부 단지, 단순하게
heal	동 치유하다, 치유되다
produce	동 생산하다, 만들어 내다

아래 해석을 참고하여 다음 각 빈칸에 적절한 단어를 위의 목록에서 골라 쓰세요. (동사의 시제와 명사의 수에 유의)

1   People use milk to _____ cheese and yogurt.

2   I broke my arm last year in an accident. It took three months to _____.

3   _____ can help keep the air fresh in a room.

4   Her words were very kind. My _____ feelings were gone.

5   He was very tired after a long day. He _____ wanted to go home and rest.

6   The scientist spent many hours on this _____. However, it failed.

해석 **1** 사람들은 치즈와 요구르트를 만들기 위해 우유를 사용한다. **2** 나는 작년에 사고로 팔이 부러졌다. 이것이 치유되는 데 3개월 걸렸다. **3** 식물들은 방 안의 공기를 상쾌하게 유지하는 데 도움이 될 수 있다. **4** 그녀의 말은 매우 친절했다. 나의 상한 기분들은 사라졌다. **5** 그는 긴 하루 후에 매우 피곤했다. 그는 단지 집에 가서 쉬고 싶었다. **6** 그 과학자는 이 실험에 많은 시간을 소비했다. 하지만 그것은 실패했다.

여러분은 밥을 먹어야 움직일 힘이 생겨나지요? 인간을 포함한 모든 동물은 음식을 통해 영양분을 섭취 해야 생명을 유지하는 데 필요한 활동을 할 수 있어요. 그렇다면 plant는 어떤가요? plant들은 밥을 먹 는 입도, 움직임도 없어 보이는데 영양분이 필요할까요? 물론이에요. plant들도 우리와 다를 바 없이 영 양분이 필요하답니다. 하지만 신기하게도 plant들은 빛을 이용해 스스로 필요한 양분을 공급받을 수 있

어요! 이때 필요한 것이 바로 이산화탄소와 물이 에요. plant들은 공기 중에 있는 이산화탄소와 뿌 리로부터 흡수한 수분을 햇빛을 이용해 포도당 과 산소(oxygen)로 바꾸어요. 이 과정을 광합성 (photosynthesis)이라고 부르죠. 그렇다면 광합성 을 처음 발견한 사람은 누구일까요? 그리고 **그는 어 떻게 광합성을 발견했을까요?**

SEE THE NEXT PAGE! ≫

---

1 밑줄 친 plant에 해당하는 우리말을 쓰세요.

_____

2 굵게 표시한 부분과 일치하도록 아래 단어를 알맞게 배열하여 문장을 완성하세요.

How _____ photosynthesis? (he / discover / did)

교과서 지식 Bank

중1 과학 - 광합성

식물은 태양 에너지를 이용해 이산화탄소를 원료로 포도당과 산소를 만드는 광합성을 해요. 잎은 빛과 이산화탄소를 흡수하고, 광합성의 원료로 쓰이는 물은 뿌리를 통해 흡수되어 줄기를 통해 잎으로 이동해요. 광합성으로 만들어진 양분은 잎에서 줄기를 통해 뿌리까지 이동하여 저장된답니다.

Joseph Priestley was a scientist from England. One day, he asked a question. "We live in air, but what's air made of?" So, he did an experiment. First, he put a burning candle and a mouse in one case. Soon after, the candle blew out and the mouse died. He thought, "the candle and the mouse died because they

5 'hurt' the air." The next time, he put a burning candle, a mouse, and a plant together in a case. In this case, ＿＿＿＿＿＿, the candle kept burning and the mouse stayed alive! Priestley simply thought that the plant healed the hurt air. But his experiment really showed that plants make oxygen. And now, we all know that plants produce oxygen by photosynthesis.

*oxygen 산소
**photosynthesis 광합성

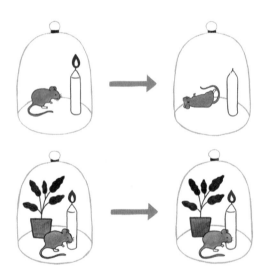

🔍 **독해가 더 쉬워지는 Tip** ••

be made of : ~으로 만들어지다

This crown is so heavy because it **is made of** pure gold.
(이 왕관은 순금으로 만들어졌기 때문에 매우 무겁다.)

Please be careful with the table. The top of the table **is made of** special glass.
(그 테이블을 조심해서 다뤄 주세요. 그 테이블의 윗면은 특별한 유리로 만들어졌어요.)

1 이 글의 내용과 일치하도록 다음 각 빈칸에 알맞은 말을 고르세요.

(1) 조지프 프리스틀리는 ＿＿＿＿＿＿＿＿＿이[가] 무엇으로 만들어졌는지 알아내기 위해 실험을 했다.

(2) 그의 첫 번째 실험에서는 초에 불이 꺼지고 쥐가 ＿＿＿＿＿＿＿＿＿.

(3) 다음 실험에서는 ＿＿＿＿＿＿＿＿＿을[를] 함께 넣었다.

(4) 프리스틀리는 ＿＿＿＿＿＿＿＿＿ 생각했다.

(5) 이 글의 주제는 ＿＿＿＿＿＿＿＿＿이다.

(1) ① 공기　　　　　　　② 초　　　　　　　③ 식물

(2) ① 살아있었다　　　　② 도망갔다　　　　③ 죽었다

(3) ① 쥐, 식물　　　　　② 쥐, 타고 있는 초　　　③ 쥐, 타고 있는 초, 식물

(4) ① 쥐가 초를 계속 타게 만들었다고　　　② 식물이 상한 공기를 치유해 준다고

(5) ① 프리스틀리의 최초의 실험

　　 ② 프리스틀리의 산소 발견

　　 ③ 프리스틀리가 발견한 최초의 식물

2 다음 중 이 글의 내용과 일치하지 <u>않는</u> 것을 고르세요.

① 프리스틀리는 영국 과학자이었다.

② 프리스틀리는 타고 있는 초와 쥐를 다른 용기에 넣었다.

③ 프리스틀리는 초와 쥐가 공기를 상하게 했다고 생각했다.

④ 식물을 넣은 후 초는 계속 타고 있었다.

3 다음 중 글의 빈칸에 들어갈 말로 가장 알맞은 것을 고르세요.

① also　　　　　② however　　　　③ so　　　　④ for example

4 다음 영영 뜻풀이에 공통으로 해당하는 단어를 이 글에서 찾아 쓰세요.

ⓐ to cause pain, harm

ⓑ having pain

＿＿＿＿＿＿＿＿＿＿＿＿＿＿＿＿＿＿＿

candle 초, 양초 / case 용기, 상자 / soon 곧, 머지않아 / blow out (불꽃이 바람 등에) 꺼지다 / alive 살아 있는
선택지 어휘 4 harm 해, 피해

교육부 지정 중학 필수 어휘

정답 및 해설 p.12

scene	명 1. (연극, 영화의) 장면 2. **경치, 풍경**
balance	명 **균형, 평균**
photograph	명 사진
safety	명 안전
rail	명 난간, 울타리
mistake – mistook – mistaken	명 **실수, 잘못 《잘못된 생각이나 행위》** 동 틀리다, 잘못 알다

아래 해석을 참고하여 다음 각 빈칸에 적절한 단어를 위의 목록에서 골라 쓰세요. (동사의 시제와 명사의 수에 유의)

1   There were some old _____ in my grandmother's album.

2   I did not do well on my math test. I made too many _____.

3   The sunset by the beach was a beautiful _____. I will never forget that.

4   You need to wear a helmet for _____ when you ride a bike.

5   Having a _____ between work and play in life is hard.

6   They need to hold onto the _____ when they climb up the mountain.

해석 1 우리 할머니 앨범에 오래된 사진들이 몇 장 있었다. 2 나는 수학 시험을 잘 못 봤다. 나는 너무 많은 실수들을 했다. 3 그 해변의 석양은 아름다운 경치였다. 나는 그것을 절대 잊지 못할 것이다. 4 너는 안전을 위해 자전거를 탈 때 헬멧을 써야 한다. 5 인생에서 일과 노는 것 사이에 균형을 유지하는 것은 어렵다. 6 그들은 산에 올라갈 때 난간을 잡아야 한다.

미국의 그랜드 캐니언(Grand Canyon)은 콜로라도 강과 바람의 침식작용이 만들어낸 대규모 협곡이에요. 20억 년이 넘는 역사를 간직하고 있고, 깊이가 1.6km, 길이가 무려 445km에 달해 세계에서 가장 웅장한 협곡으로 손꼽히고 있지요. 영국 BBC에서 선정한 '죽기 전에 꼭 가봐야 할 여행지' 1위에 올랐다고도 하니 그 웅장함이 얼마나 대단할지 더 기대되는데요, 1919년에는 국립공원으로 지정되기도 했답니다. 자연이 만들어낸 <u>scene</u>을 직접 보기 위해 **해마다 많은 관광객들이 그랜드 캐니언을 찾지만, 사고도 자주 발생하고 있답니다.** 평균적으로 연간 12건의 사망 사고를 포함해 수백 건의 사고가 일어나고 있다고 하네요.

SEE THE NEXT PAGE! »

1 밑줄 친 scene에 해당하는 우리말을 쓰세요.

_____

2 굵게 표시한 부분과 일치하도록 아래 단어를 알맞게 배열하여 문장을 완성하세요.

Every year, many tourists visit the Grand Canyon, _____
_____ often. (but / happen / accidents)

교과서 지식 Bank

중학 사회1 - 특이하고 아름다운 지형의 관광지

지구에는 다양한 지형이 분포하고 있어요. 높고 험준한 산이 있는가 하면 깊은 바다가 있고, 넓고 평평하게 펼쳐진 평야도 있지요. 그 외에도 평소에 쉽게 보지 못하는 독특한 지형이 형성된 지역도 있는데요, 특이하고 아름다운 지형은 사람들에게 신선함과 감동을 주기 때문에 인기 있는 관광지가 된답니다.

People visit the Grand Canyon to enjoy the most beautiful natural scene in the world. But did you know many accidents happen every year in the Grand Canyon? Two to three deaths per year are from falls over the edge. People may lose ⓐ their balance and fall when ⓑ they try to walk near the edge, get

5 a photograph, or pick up something from the ground. There are no safety rails in many parts of the Grand Canyon, so be careful all the time. Heat is another danger. The most common mistake of visitors is not bringing enough water and food. Your body needs both to walk long distances in the sun. Watch out for animals, too. Many animals live in the Grand Canyon. People

10 often get hurt when ⓒ they try to feed them. The most dangerous animal in the park is the rock squirrel. ⓓ They may look cute, but they will bite you if you come close to them.

*rock squirrel (미국 남서부산(産)의) 대형 바위 다람쥐

🔍 **독해가 더 쉬워지는 Tip** ●●●●●●●●●●●●●●●●●●●●●●●●●●●●●●●●●●●●

watch out (for A) : (A를) 조심하다

Watch out! You are going to hit that car!
(**조심해**! 저 차와 부딪치겠다!)

Watch out for dogs when you are jogging.
(네가 조깅하는 동안 개를 **조심해라**.)

1 이 글의 내용과 일치하도록 다음 각 빈칸에 알맞은 말을 고르세요.

(1) 그랜드 캐니언에서 1년에 두세 명의 죽음의 원인은 _____이다.

(2) 대부분의 그랜드 캐니언에는 _____이[가] 없다.

(3) 그랜드 캐니언에는 _____이[가] 있다.

(4) 사람들이 동물들에게 먹이를 줄 때, _____.

(5) 이 글의 제목은 _____이다.

(1) ① 더위   ② 추락   ③ 야생동물

(2) ① 위험   ② 안전 난간   ③ 대형 바위 다람쥐

(3) ① 사진들   ② 충분한 물과 음식   ③ 많은 동물들

(4) ① 다칠 수도 있다 ② 가까이 가도 된다   ③ 동물들을 만질 수 있다

(5) ① 그랜드 캐니언에서 꼭 봐야 하는 것

    ② 그랜드 캐니언에서 꼭 먹어 봐야 하는 것

    ③ 그랜드 캐니언이 위험한 이유

2 글의 밑줄 친 ⓐ ~ ⓓ 중, 가리키는 대상이 나머지 셋과 <u>다른</u> 것을 고르세요.

① ⓐ   ② ⓑ   ③ ⓒ   ④ ⓓ

3 밑줄 친 <u>both</u>가 가리키는 것을 글에서 찾아 쓰세요. (두 개)

_____, _____

happen (일이) 일어나다, 발생하다 / **per** ~마다 / **fall** 추락; 떨어지다 / **edge** 가장자리 / **lose** 잃다, 분실하다 / **pick up** ~을 집어 올리다 / **heat** 열기, 더위 / **common** 흔한 / **watch out for** ~을 조심하다 / **distance** 거리 / **get hurt** 다치다 / **feed** 먹이를 주다

Chapter 03

What to Learn	**독해가 더 쉬워지는 Tip**
세계에서 가장 유명한 폭포 중 하나인 이구아수 폭포에 얽힌 슬픈 전설에 대해 읽어봐요.	once upon a time all the time
서식지 파괴로 인해 사라져 가는 동물들을 위해 사람들이 어떤 노력을 기울이는지 알아봐요.	see A -ing
캄보디아의 따프롬 사원이 앙코르 와트만큼 인기가 많은 이유에 대해 알아봐요.	cover A with B There is no ~
고대 이집트인들이 사용했던 최초의 수학책 '린드 파피루스'에 수록된 문제들에 대해 알아봐요.	everyday vs. every day

교육부 지정 중학 필수 어휘 🎧

정답 및 해설 p.14

please	부 《정중한 요구 · 간청 · 부탁》 부디, 제발, 좀	
	동 기쁘게 하다, 만족시키다	
tribe	명 부족, 종족	
hear – heard – heard	동 듣다, 들리다	
create	동 창조하다, 만들어 내다	
sink – sank – sunk	동 가라앉다	
	명 개수대, 세면대	

아래 해석을 참고하여 다음 각 빈칸에 적절한 단어를 위의 목록에서 골라 쓰세요. (동사의 시제와 명사의 수에 유의)

1 The boat was beginning to _____ really fast.

2 I _____ the news. Congratulations! I am so happy for you!

3 My dad _____ a new soup. It is made with beef and vegetables.

4 She is from a small _____ in the jungle. Life is very different there.

5 Some customers are very difficult to _____. They are never happy.

해석 **1** 그 배는 정말 빠르게 가라앉기 시작하고 있었다. **2** 나는 그 소식을 들었어. 축하해! 네가 잘되어서 정말 기뻐! **3** 아빠는 새로운 수프를 만들어 내셨다. 그것은 소고기와 채소로 만들어졌다. **4** 그녀는 정글에 있는 작은 부족 출신이다. 그곳에서의 삶은 매우 다르다. **5** 어떤 손님들은 기쁘게 하기 정말 어렵다. 그들은 절대 행복하지 않다.

브라질과 아르헨티나 국경에는 이구아수 (Iguazú)라는 이름의 어마어마한 규모의 폭포가 있어요. 세계에서 가장 유명한 폭포 중 하나인데요, '이구아수'는 그 지역의 원주민인 과라니 <u>tribe</u> 언어로 '거대한 물'이라는 뜻이라고 해요. 이구아수 폭포의 규모는 여의도 면적의 630배나 된다고 하니 얼마나 거대한지 짐작이 되지요? 이구아수 폭포는 엄청난 물보라를 일으키는 크고 작은 폭포들로 형성되어 있어서, 이곳을 구경하다 보면 옷이 흠뻑 젖기 때문에 우비를 챙겨가는 것이 좋답니다. 또, 여름에는 너무 습하고 더운 데다가 물의 양이 줄어들기 때문에 **여름보다는 봄이나 가을에 방문하는 게 좋아요**. 이 거대한 폭포에 대한 전설이 있는데, 한번 살펴볼까요?

SEE THE NEXT PAGE! ≫

1 밑줄 친 tribe에 해당하는 우리말을 쓰세요.

_____

2 굵게 표시한 부분과 일치하도록 아래 단어를 알맞게 배열하여 문장을 완성하세요.

Visiting the falls in spring or fall _____
_____. (summer / than / in / better / is)

교과서 지식 Bank

중학 사회1 - 세계의 다양한 기후
지구 곳곳에는 온도에 따라 크게 세 가지 기후의 지역이 있어요. 일년 내내 기온이 높은 열대 기후, 계절의 변화가 뚜렷한 온대 기후, 여름이 짧고 겨울이 긴 냉대기후가 그것이지요. 우리나라와 다른 기후를 가진 지역의 자연환경은 어떻게 다른지 궁금하지 않나요?

Once upon a time, people around the Iguazú River believed in a god, M'boi. He lived near the river, and people tried to please him all the time. One day, M'boi saw a beautiful girl, Naipí, and fell in love with her. He wanted to marry her. So, people of her tribe told her to marry him, but she
5 didn't want to.

In that tribe, there was also a young man, Tarobá. He fell in love with Naipí when he first saw her. So he decided to save her from M'boi. He ran away with Naipí on a small boat. When M'boi heard about it, he got very angry and created deep falls. Tarobá and Naipí sank in the falls with their boat.
10 Later, Naipí became a rock under the falls, and Tarobá became a palm tree. This way, the two lovers could only see each other, but never be able to be together again.

🔍 **독해가 더 쉬워지는 Tip** ....

once upon a time : (특히 이야기 시작 부분에서) 옛날 옛날에

Once upon a time, there was a princess in a very tall tower.
(옛날 옛날에, 정말 높은 탑 안에 공주가 있었다.)

all the time : 항상, 줄곧

While the ant was working very hard, the grasshopper sang **all the time**.
(개미가 매우 열심히 일하고 있는 동안, 베짱이는 **항상** 노래 불렀다.)

1 **이 글의 내용과 일치하도록 다음 각 빈칸에 알맞은 말을 고르세요.**

(1) 이구아수 강 주변 사람들은 음보이(M'boi)를 _____.

(2) 음보이는 나이삐(Naipí)와 _____.

(3) 하지만 나이삐는 따로바(Tarobá)와 _____.

(4) 음보이는 매우 화가 나서 _____을[를] 만들었다.

(5) 이 글의 주제는 _____이다.

(1) ① 믿지 않았다 　② 구하기로 결심했다 　③ 기쁘게 하려고 노력했다

(2) ① 결혼하고 싶었다 　② 도망가고 싶었다 　③ 폭포 근처에서 살고 싶었다

(3) ① 결혼했다 　② 도망갔다 　③ 폭포 아래로 숨었다

(4) ① 큰 배 　② 깊은 폭포 　③ 거대한 바위들

(5) ① 음보이의 이구아수 폭포 사랑

　　② 이구아수 폭포의 특징

　　③ 이구아수 폭포의 슬픈 전설

2 **다음 중 이 글의 내용과 일치하지 않는 것을 고르세요.**

① 나이삐는 음보이와 결혼하고 싶지 않았다.

② 음보이는 따로바에게 나이삐를 데려오라고 명령했다.

③ 따로바와 나이삐가 탄 배는 가라앉았다.

④ 따로바와 나이삐가 절대 함께할 수 없게 되었다.

3 **다음 빈칸 (A)와 (B)에 공통으로 들어갈 단어를 본문에서 찾아 쓰세요.**

(1) He will do anything to ____(A)____ her. He wants to make her happy all the time.

(2) This box is too heavy. Can you help me, ____(B)____?

_____

---

once upon a time 옛날 옛날에 / try to ~하려고 노력하다 / all the time 항상, 줄곧 / fall in love with ~와 사랑에 빠지다 / run away 도망치다 / falls 폭포 / palm tree 야자나무 / be able to ~할 수 있다

교육부 지정 중학 필수 어휘

정답 및 해설 p.15

real	형 진짜의
costume	명 1. (특정 지역이나 시대의) 의상, 복장 　　2. (연극·영화 등에서) 의상, 분장, 변장
earn	동 (돈을) 벌다, 일하여 얻다
result	명 결과, 성과 동 결과로서 생기다
raise	동 1. ~을 들다, 들어 올리다　2. ~을 기르다, 재배하다 　　3. (돈을) 모으다, 마련하다
occasion	명 1. (특수한) 경우, 때　2. 특별한 일, 행사

아래 해석을 참고하여 다음 각 빈칸에 적절한 단어를 위의 목록에서 골라 쓰세요. (동사의 시제와 명사의 수에 유의)

1　On Halloween, my little sister is going to wear a princess ＿＿＿＿＿＿＿.

2　My brother and I do some housework to ＿＿＿＿＿＿＿ money to buy snacks.

3　The dress is perfect for a special ＿＿＿＿＿＿＿ like this.

4　It is hard to believe that ＿＿＿＿＿＿＿ dinosaurs once lived here.

5　The book club ＿＿＿＿＿＿＿ some money by selling old books yesterday.

6　My grade went up after the test. It was a surprising ＿＿＿＿＿＿＿.

해석 1 핼러윈에 나의 여동생은 공주 의상을 입을 것이다. 2 우리 오빠와 나는 간식을 살 돈을 벌기 위해 집안일을 조금 한다. 3 그 드레스는 이렇게 특별한 행사에 입기에 완벽하다. 4 실제 공룡이 여기에 한때 살았다는 것은 믿기 힘들다. 5 그 독서 동아리는 어제 오래된 책을 팔아서 돈을 조금 마련했다. 6 그 시험을 본 후 내 성적이 올랐다. 그것은 놀라운 결과였다.

고릴라를 무척이나 아꼈던 다이앤 포시라는 학자가 있었어요. 그녀는 아프리카로 가서 위험에 처한 고릴라들을 도와줬답니다. 사냥꾼들의 총에 맞았을 때도 보살펴주고, 깊은 숲속에 살던 고릴라들에게 이름을 지어주기도 했어요. 그녀는 사람들에게 아프리카에 사는 고릴라들이 처한 위기를 알리려고 많은 노력을 했지만, 1985년 안타깝게도 총에 맞아 세상을 떠나고 말았어요. 하지만 그녀의 노력으로 사람들은 멸종 위기에 처한 동물들에게 관심을 갖기 시작했고, 자선 단체와 다양한 <u>occasion</u>도 생기게 되었답니다. 그중 하나가 2003년에 시작된 더 그레이트 고릴라 런(The Great Gorilla Run)이라는 달리기 경주예요.

SEE THE NEXT PAGE! »

1 밑줄 친 <u>occasion</u>에 해당하는 우리말을 고르세요.

① 결과, 성과   ② 특별한 일, 행사   ③ 의상, 분장, 변장

2 이 글의 내용과 일치하면 T, 그렇지 않으면 F를 쓰세요.

(1) 다이앤 포시는 아프리카에서 고릴라들을 보살폈다.   _____

(2) 다이앤 포시는 고릴라를 위해 달리기 경주를 생각해냈다.   _____

(3) 고릴라 달리기는 2년에 한 번 개최된다.   _____

교과서 지식 Bank

중2 국어 - 아프리카 고릴라는 휴대 전화를 미워해

「아프리카 고릴라는 휴대 전화를 미워해」라는 강연이 있어요. 휴대 전화를 만들 때 필요한 '콜탄'이라는 광물을 캐기 위해 사람들이 아프리카로 몰려들었고, 그렇게 몰려든 사람들이 고릴라를 마구잡이로 사냥해 그 수가 얼마 남지 않았다는 내용의 연설이지요. 휴대 전화를 자주 바꾸지 않고 오래 사용하는 것이 고릴라와 환경을 지키는 작은 실천이 될 수 있겠네요.

In London, you can see gorillas running in a race. They do really stand and run! But are they real gorillas? Of course not. The gorillas are actually humans! People in the race wear gorilla masks and costumes. They join a race, the Great Gorilla Run. The race happens every year in London, England.

5 People in the race have fun while they are running, walking, and even jumping through the streets.

Why gorillas then? Many hunters used to kill gorillas because they earned a lot of money for their heads and hands. As a result, there are fewer than 900 mountain gorillas in the world. Through the Great Gorilla Run, people raise

10 money for gorillas in danger. Because this special occasion is only a one-day event, it may seem small. But this small event can lead to a big change and a brighter future for gorillas.

*mountain gorilla 마운틴고릴라 《산악지대에 서식함》

🔍 **독해가 더 쉬워지는 Tip** ••

see A -ing : A가 ~하고 있는 것을 보다

I **saw her running** to the bathroom. She may be very sick.
(나는 **그녀가** 화장실로 **달려가고 있는** 것을 보았다. 그녀는 매우 아플지도 모른다.)

He **saw his friend sitting** in a classroom after school.
(그는 **그의 친구가** 방과 후에 교실에 **앉아 있는** 것을 보았다.)

1 이 글의 내용과 일치하도록 다음 각 빈칸에 알맞은 말을 고르세요.

(1) 런던에서 고릴라가 _____을[를] 볼 수 있다.

(2) 고릴라로 변장을 한 사람들은 _____ 재미있게 논다.

(3) 달리기 경주를 통해 위험에 처한 고릴라들을 위해 _____.

(4) 이 글의 주제는 _____이다.

(1)	① 수영하는 것	② 달리는 것	③ 일하는 것
(2)	① 고릴라를 쫓아가면서	② 사냥하면서	③ 달리고 걸으면서
(3)	① 마스크를 만든다	② 돈을 모은다	③ 음식을 모은다

(4) ① 위험에 처한 고릴라를 위한 달리기 경주

② 고릴라가 달리기를 하는 이유

③ 고릴라가 멸종 위기에 처한 이유

2 다음 중 이 글에서 언급된 것을 고르세요.

① 달리기 경주의 개최자 이름

② 달리기 경주의 참가비용

③ 고릴라 머리와 손의 가격

④ 전 세계에 남아 있는 마운틴고릴라의 수

3 다음 빈칸 (A)와 (B)에 공통으로 들어갈 단어를 본문에서 찾아 쓰세요.

(1) When you want to ask something, please ____(A)____ your hand.

(2) There is an event to ____(B)____ money for poor children this evening.

_____

4 다음 문장을 우리말로 해석해 보세요.

I saw my friend crossing the street.

_____.

actually 사실은, 실제로 / **mask** (변장용) 가면, 복면 / **while** ~하는 동안 / **through** ~에서, ~을 통하여 / **then** 그러면 / **hunter** 사냥꾼 / **used to** ~하곤 했다 / **in danger** 위험에 처한 / **special** 특별한 / **lead to** ~로 이어지다

교육부 지정 중학 필수 어휘 🎧

정답 및 해설 p.17

temple	명 신전, 사원, 절
tourist	명 관광객
amazing	형 놀라운, 굉장한
root	명 1. 뿌리 2. 근원, 본질
block	명 1. (큰) 덩어리, 토막 2. (도로로 나뉘는) 구역, 블록 동 방해하다, 막다

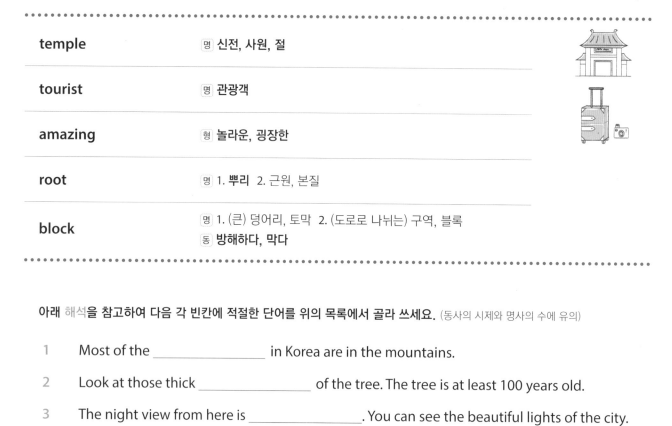

아래 해석을 참고하여 다음 각 빈칸에 적절한 단어를 위의 목록에서 골라 쓰세요. (동사의 시제와 명사의 수에 유의)

1   Most of the _____ in Korea are in the mountains.

2   Look at those thick _____ of the tree. The tree is at least 100 years old.

3   The night view from here is _____. You can see the beautiful lights of the city.

4   Many _____ were taking pictures of the man in 19th-century clothes.

5   The workers _____ the road because it was too dangerous for drivers.

해석 1 한국에 있는 대부분의 절들은 산속에 있다. 2 나무의 굵은 뿌리들을 보아라. 그 나무는 적어도 100년 정도 되었다. 3 여기에서 보이는 야경은 놀랍다. 너는 도시의 아름다운 불빛들을 볼 수 있다. 4 많은 관광객들은 19세기 옷을 입은 남자의 사진을 찍고 있었다. 5 작업하는 사람들은 운전자들에게 너무 위험해서 도로를 막았다.

캄보디아에는 앙코르(Angkor) 유적지가 있어요. 예전에는 사람들이 많이 살고 주변에 <u>temple</u>도 많은 도시였지만, 시간이 지나면서 사람들이 떠났고 나무로 만들어진 집들은 하나둘씩 무너져 돌로 만들어진 <u>temple</u>들만 남게 되었답니다. 하지만 시간이 지나자 주변 숲에 있던 나무들이 점점 커졌고, 남아 있던 <u>temple</u>조차 나무가 감싸면서 무너지게 되었어요. 그 중 유일하게 앙코르 와트(Angkor Wat)만이 남아 오늘날 캄보디아를 대표하는 유명한 관광지가 되었답니다. 하지만 캄보디아는 앙코르 와트 외에도 **흥미로운 힌두교(Hinduism) 이야기를 담고 있는 장소들이 많아서 많은 관광객들이** 캄보디아를 방문한답니다.

SEE THE NEXT PAGE! ≫

1　밑줄 친 <u>temple</u>에 해당하는 우리말을 쓰세요.

　　_____

2　굵게 표시한 부분과 일치하도록 아래 단어를 알맞게 배열하여 문장을 완성하세요.

Many tourists visit Cambodia because there are _____
_____ about Hinduism.
(many / with / interesting / places / stories)

교과서 지식 Bank

중학 역사1 - 앙코르 와트

12세기에 완성된 앙코르 와트는 본래 왕의 사후 평안을 기원하려고 만든 힌두교 사원이었다가 후에 불교 사원으로 사용되었어요. 사원의 정문 안에는 세 겹의 복도가 있는데, 각 복도에는 인도의 서사시나 힌두교의 신화 등을 소재로 한 다양한 조각이 새겨져 있답니다.

In Cambodia, Angkor Wat is the most famous temple. You can even see it in the Cambodian flag. Many tourists visit Cambodia just to see ⓐ its beautiful buildings. But there is another important temple, and you don't want to miss ⓑ it. Only a few kilometers away, there is the temple of Ta Prohm. ⓒ It is as amazing as Angkor Wat.

5

Many visitors are very surprised when they see ⓓ it. The trees around the temple now cover many of the buildings. About 2,500 people used to live in the temple at Ta Prohm. Most of them were monks. After everyone left, the trees grew bigger and covered most of the temple with their roots. Some

10 people say that the trees are destroying the temple. Others say that the temple is trying to block nature. Which is true? There's no right answer. But those tree roots make the temple very special.

*monk 수도승

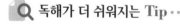 독해가 더 쉬워지는 **Tip** ·······································

cover A with B : B로 A를 덮다[뒤덮다]

The man **covered the room with roses**. He is going to ask the woman to marry him.
(그 남자는 **장미꽃으로 그 방을 덮었다**. 그는 그 여자에게 자신과 결혼해 달라고 요청할 것이다.)

There is no : ~이[가] 없다

There is no need to worry. I will take care of everything.
(걱정할 필요**가 없다**. 내가 다 알아서 할 것이다.)

1 이 글의 내용과 일치하도록 다음 각 빈칸에 알맞은 말을 고르세요.

(1) 캄보디아 국기에 _____이[가] 있다.

(2) 따프롬 사원의 대부분은 _____(으)로 덮여 있다.

(3) 나무들로 인해 따프롬 사원이 _____ 보인다.

(4) 이 글의 주제는 _____이다.

(1) ① 따프롬 사원 ② 커다란 나무들 ③ 앙코르 와트

(2) ① 나뭇가지 ② 나무 뿌리 ③ 나뭇잎

(3) ① 황폐하게 ② 특별하게 ③ 견고하게

(4) ① 캄보디아 자연의 힘

② 캄보디아의 자랑, 앙코르 와트

③ 자연과 공존하고 있는 따프롬 사원

2 다음 중 이 글에서 언급된 것을 고르세요.

① 캄보디아 국기의 색깔

② 앙코르 와트가 유명한 이유

③ 방문객들이 따프롬 사원을 보고 놀라는 이유

④ 따프롬 사원의 규모

3 글의 밑줄 친 ⓐ ~ ⓓ 중, 가리키는 대상이 나머지 셋과 <u>다른</u> 것을 고르세요.

① ⓐ ② ⓑ ③ ⓒ ④ ⓓ

4 다음 영영 뜻풀이에 공통으로 해당하는 단어를 이 글에서 찾아 쓰세요.

ⓐ an area of buildings in a town or city with streets

ⓑ to stop something from moving through

_____

Cambodia 캄보디아 / **even** 심지어, ~조차도 / **Cambodian** 캄보디아의 / **flag** (국가·단체의 상징인) 기, 깃발 / **a few** 조금 / **kilometer** 《길이의 단위》 킬로미터 / **surprised** 놀란 / **used to** ~하곤 했다 / **cover A with B** B로 A를 덮다[뒤덮다] / **destroy** 파괴하다 / **which** 어느 쪽, 어느 것 / **There is no** ~이[가] 없다 / **special** 특별한

교육부 지정 중학 필수 어휘

정답 및 해설 p.18

text	명 (모든 형태의) **글, 문서**	
piece	명 1. **조각, 일부분** 2. 하나, 한 개	
solution	명 (문제 등의) **해결, 해석, 설명**	
determine	동 1. **결정하다, 확정하다** 2. 결심하다	
measure	동 **재다, 측정하다** 명 **측정, 측량**	

아래 해석을 참고하여 다음 각 빈칸에 적절한 단어를 위의 목록에서 골라 쓰세요. (동사의 시제와 명사의 수에 유의)

1   Some scientists studied the dinosaur teeth and _____ their age.

2   We need to think of a _____ to this problem.

3   He _____ the boy's foot size to make shoes yesterday.

4   There are so many _____ to this puzzle.

5   We believe that this _____ is more than 2,000 years old.

해석 1 몇몇 과학자들은 공룡 이빨을 연구해서 그 나이를 정했다. 2 우리는 이 문제에 대한 해결책을 생각해 내야 한다. 3 그는 어제 신발을 만들기 위해 그 남자아이의 발 크기를 쟀다. 4 이 퍼즐 조각들이 너무 많다. 5 우리는 이 문서가 2,000년보다 더 오래됐다고 믿는다.

파피루스(papyrus)는 고대 이집트의 나일 강 주변에서 자라던 식물 중 하나였어요. 당시 사람들은 파피루스를 이용해 여러 물건을 만들어 사용하곤 했는데, 그중 하나가 종이였답니다. 그전에는 돌에 상형문자를 새겨 기록을 했지만, 파피루스로 종이를 만들기 시작하면서 상형문자보다 더 간단하고 쓰기 쉬운 문자들도 생겨나기 시작했어요. 이집트 사람들은 그 종이를 가지고 이집트 왕가의 **text**를 만들었는데, 명령서, 보고서, 회계서, 의학서, 기도문, 설계도 등 다양한 종류가 남겨져 있답니다. 그중에는 수학과 관련된 문서도 있는데, 이것을 '린드 파피루스(Rhind Papyrus)'라고 불러요.

SEE THE NEXT PAGE! ≫

1 밑줄 친 <u>text</u>에 해당하는 우리말을 고르세요.

① 조각, 일부분   ② 글, 문서   ③ 해석, 설명

2 이 글의 내용과 일치하면 T, 그렇지 않으면 F를 쓰세요.

(1) 고대 이집트 사람들은 파피루스로 아무것도 만들 수 없었다.   _____

(2) 당시에는 종이에 상형문자를 새겨 기록을 했다.   _____

(3) 고대 이집트 사람들은 종이로 다양한 종류의 문서를 남겼다.   _____

교과서 지식 Bank

중1 수학 - 린드 파피루스 속 방정식 문제

린드 파피루스에는 알지 못하는 값인 '아하'를 구하는 '아하 문제'가 있어요. 바로 미지수 x값을 구하는 방정식 문제인 것이지요. 고대 이집트에서도 방정식 문제를 풀었다니 놀랍지 않나요?

The Rhind Papyrus is one of the oldest texts, from 1650 B.C. It is about 33 centimeters tall and 5 meters long. In 1858, Henry Rhind bought it from a market. Many people believe that it came from Thebes in Egypt. Later in 1865, the British Museum bought it from Rhind. Another museum in New York keeps some pieces of the papyrus, too.

What is in the Rhind Papyrus? It has about 87 different math problems. Interestingly, the problems are in black, and the solutions are in red. Ancient Egyptians used it to solve everyday problems. For example, they used the papyrus to determine the amount of food or money for workers. They could also measure the sides of a pyramid.

*Thebes 테베 《고대 이집트의 도시》

**the British Museum 대영 박물관 《런던에 있는 세계적인 자료 · 수집품의 전당》

🔍 **독해가 더 쉬워지는 Tip** ••

everyday vs. every day

everyday: 일상적인, 매일의

You can learn English most easily when you use it in **everyday** life.
(영어는 **일상**생활에서 쓸 때 가장 쉽게 배울 수 있다.)

every day: 매일

He opens his restaurant at 10:00 **every day**.
(그는 자신의 식당의 문을 **매일** 10시에 연다.)

1 이 글의 내용과 일치하도록 다음 각 빈칸에 알맞은 말을 고르세요.

(1) 린드 파피루스는 가장 _____ 문서 중 하나이다.

(2) 사람들은 린드 파피루스가 _____에서 왔다고 믿는다.

(3) 린드 파피루스에는 _____이[가] 있다.

(4) 고대 이집트인들은 _____ 린드 파피루스를 사용했다.

(5) 이 글의 주제는 _____이다.

(1) ① 오래된   ② 긴   ③ 인기 있는

(2) ① 이집트의 테베   ② 뉴욕   ③ 대영 박물관

(3) ① 역사적 사건   ② 종교적 의식   ③ 수학 문제

(4) ① 일상적인 문제를 해결하기 위해   ② 피라미드를 세우기 위해

(5) ① 헨리 린드의 새로운 발견

     ② 고대 이집트인들이 사용했던 수학책

     ③ 파피루스의 역사

2 다음 중 이 글에서 언급되지 <u>않은</u> 것을 고르세요.

① 린드 파피루스의 길이

② 린드 파피루스의 출처

③ 린드 파피루스에 있는 문제의 색깔

④ 고대 이집트 노동자들에게 주어진 음식의 양

3 밑줄 친 **they**가 가리키는 것을 고르세요.

① some pieces of the papyrus

② ancient Egyptians

③ math problems

④ solutions

4 다음 영영 뜻풀이에 공통으로 해당하는 단어를 이 글에서 찾아 쓰세요.

ⓐ to discover a fact after studying or watching something

ⓑ to decide something

---

centimeter 《길이의 단위》 센티미터 / meter 《길이의 단위》 미터 / market 시장 / interestingly 흥미롭게도 / ancient 고대의 / solve (문제·곤경을) 풀다, 해결하다 / for example 예를 들어 / amount (무엇의) 양 / side (삼각형 등의) 변, (입체의) 면 / pyramid 피라미드
선택지 어휘 4 discover 알아내다, 알다

Chapter 04

What to Learn

빅토리아 호수에 관련된 보고서를 통해 오늘날 호수가 직면한 문제점들에 대해 알아봐요.

어린 나이에 죽은 파라오가 그의 업적보다 무덤으로 더 유명해진 계기에 대해 읽어봅시다.

옛날 사람들은 해와 달을 가리는 일식과 월식에 대해 어떤 생각을 하고 있었을까요?

세계 3대 축제 중 하나인 삿포로 축제는 어떤 즐길 거리를 제공하는지 알아봐요.

독해가 더 쉬워지는 Tip

비교급 + and + 비교급
be able to + 동사원형

at the age of
thanks to

take place

miss out on

교육부 지정 중학 필수 어휘 🎧

정답 및 해설 p.20

solve	동 (문제·곤경을) 해결하다
cause	명 원인 동 ~을 초래하다, ~의 원인이 되다
pollute	동 더럽히다, 오염시키다
health	명 (몸·마음의) 건강
soon	부 곧, 머지않아

아래 해석을 참고하여 다음 각 빈칸에 적절한 단어를 위의 목록에서 골라 쓰세요. (동사의 시제와 명사의 수에 유의)

1   You need to hurry. The bus will be here _____.

2   Too much sugar is bad for your _____.

3   The factories in the city _____ the air with smoke.

4   Eating too much fast food is not good. It can _____ many diseases.

5   _____ : to find an answer to a problem

해석 1 너는 서둘러야 한다. 버스가 곧 여기에 올 것이다. 2 너무 많은 설탕은 건강에 나쁘다. 3 그 도시에 있는 공장들은 연기로 공기를 오염시킨다. 4 패스트푸드를 너무 많이 먹는 것은 좋지 않다. 그것은 많은 질병을 초래할 수 있다. 5 해결하다: 문제에 대한 답을 찾는 것

옆의 사진에 있는 호수를 보세요. 정말 크죠? 이 호수는 케냐, 탄자니아, 그리고 우간다에 걸쳐져 있는 호수예요. 아프리카에 있는 가장 큰 호수이자 세계에서 두 번째로 면적이 넓은 호수이기도 합니다. 이곳의 이름은 빅토리아 호수(Lake Victoria)예요. 영국 빅토리아 여왕의 이름을 따서 지어졌어요. 이 호수가 얼마나 오래됐는지 알면 아마 깜짝 놀랄 거예요. 자그마치 400,000년 정도 되었다고 하는데요, 원래는 다양한 종류의 물고기들이 서식하고 사람들이 어업으로 생계를 유지하던 곳이었어요. 하지만 지금은 예전 같지 않다고 해요. **그 호수에 무슨 일이 일어난 걸까요?**

SEE THE NEXT PAGE! ≫

1 빅토리아 호수에 걸쳐져 있지 <u>않은</u> 나라를 고르세요.

① 우간다　　　　② 케냐　　　　③ 르완다　　　　④ 탄자니아

2 굵게 표시한 부분과 일치하도록 아래 단어를 알맞게 배열하여 문장을 완성하세요.

What _____? (to / the lake / happened)

교과서 지식 Bank

중1 국어 - 보고서

어떤 목적을 가지고 실시한 조사, 관찰, 실험, 연구 등의 절차와 결과를 체계적으로 정리하여 보고하는 글을 보고서라고 해요. 다음 장의 글도 빅토리아 호수에 관한 보고서라고 할 수 있어요.

There were three hundred species of cichlid fish in Lake Victoria. They were tropical fish with beautiful colors. In the 1950s, the countries near the lake needed food. So, they brought two kinds of fish from the

5 Nile River in Egypt and put them in the lake to solve the problem. However, those fish caused a bigger problem. They ate all the cichlid in the lake!

Lake Victoria has other problems, too. Since there are many towns around

10 the lake, it is getting dirtier and dirtier. Houses, farms, and factories are polluting the lake on a daily basis. This could cause many health problems. If any action is not taken soon, no one will be able to live near this lake.

cichlid 시클리드 《주로 아프리카, 남아메리카 등지에 서식하는 열대어의 종류》

🔍 **독해가 더 쉬워지는 Tip** ••

비교급 + and + 비교급 : 점점 더 ~하는[하게]

It is getting **warmer and warmer**.
(날씨가 **점점 더 따뜻해진다**.)

be able to + 동사원형 : ~할 수 있다

The boy **is able to play** the violin.
(그 남자아이는 바이올린을 **연주할 수 있다**.)

1 이 글의 내용과 일치하도록 다음 각 빈칸에 알맞은 말을 고르세요.

(1) 1950년대에 빅토리아 호수 주변에 있는 나라들은 _____이[가] 필요했다.

(2) 이집트에서 가져온 물고기는 _____을[를] 초래했다.

(3) 호수 주변에 있는 집, 농장, 공장들은 _____ 호수를 오염시킨다.

(4) 오염된 호수는 여러 가지 _____을[를] 일으킬 수 있다.

(5) 이 글의 주제는 _____이다.

(1)	① 열대어	② 물	③ 음식
(2)	① 더 큰 문제	② 음식 문제	③ 건강 문제
(3)	① 드물게	② 가끔씩	③ 매일
(4)	① 나라 간의 갈등	② 건강 문제	

(5) ① 이집트 나일 강에 서식하는 열대어

② 빅토리아 호수의 비극

③ 호수 주변 나라들 간의 갈등

2 다음 중 이 글의 내용과 일치하지 <u>않는</u> 것을 고르세요.

① 원래 빅토리아 호수에는 300종의 시클리드가 있었다.

② 빅토리아 호수에 있는 열대어를 나일 강에 풀어주었다.

③ 나일 강에서 가져온 물고기들은 시클리드를 다 먹어버렸다.

④ 빅토리아 호수 주변에는 많은 도시들이 있다.

3 밑줄 친 <u>it</u>이 가리키는 것을 바로 앞 문장에서 찾아 쓰세요. (두 단어)

_____

4 다음 영영 뜻풀이에 해당하는 단어를 이 글에서 찾아 쓰세요.

the condition of the body or the mind

_____

species 《생물》 종 / **tropical fish** 열대어 / **Nile River** 나일 강 / **Egypt** 이집트 / **on a daily basis** 매일 / **be able to** ~할 수 있다

교육부 지정 중학 필수 어휘 🎧

정답 및 해설 p.21

rule	명 규칙, 규정
	동 (국왕·정부 등이) 지배하다, 통치하다
such	형 1. 그러한, 이러한 2. 대단히, 매우
until	전 《시간의 계속》 ~까지, ~이 되기까지
	접 《시간의 계속》 ~할 때까지
still	부 아직(도), 여전히
	형 가만히 있는, 고요한
lot	명 많음, 다수, 다량
	※ lots of 수많은
even	부 심지어, ~조차(도)
ancient	형 고대의, 먼 옛날의

아래 해석을 참고하여 다음 각 빈칸에 적절한 단어를 위의 목록에서 골라 쓰세요. (동사의 시제와 명사의 수에 유의)

1　If you don't like her, why do you _____ eat lunch with her?

2　The king _____ the country for a long time.

3　We need to stay in class _____ the teacher comes back.

4　In _____ times, Greece was the strongest nation.

5　It is _____ a lovely day. We have to go outside and enjoy it!

6　There are _____ of people in the swimming pool.

7　This shop never closes, not _____ at Christmas.

해석 1 네가 그녀를 좋아하지 않는다면, 왜 그녀와 아직도 함께 점심을 먹니? 2 그 왕은 오랫동안 나라를 지배했다. 3 우리는 선생님께서 돌아오실 때까지 교실에 머물러야 한다. 4 고대에 그리스는 가장 강한 나라였다. 5 날씨가 매우 좋다. 우리는 밖으로 나가서 즐겨야 한다. 6 수영장에 많은 사람들이 있다. 7 이 가게는 크리스마스 날조차도 문을 닫지 않는다.

'파라오의 저주'에 대해 들어본 적이 있나요? 말만 들어도 무시무시하죠? 파라오(Pharaoh)는 이집트의 왕을 부르는 단어였어요. 나라를 <u>rule</u>하던 파라오가 사망하면 사람들은 시체를 미라(mummy)로 만들어 관 속에 넣고, 왕이 살아있을 때 사용했던 물건들과 유물들을 무덤에 함께 묻었어요. 파라오의 저주는 이집트 18대 왕조의 파라오였던 투탕카멘(Tutankhamun)의 무덤 발굴에 참여했던 사람들이 의문의 죽음을 당했다 하여 생겨난 말인데요, 혹시 그가 자신의 무덤에 침입한 사람들에게 내린 저주가 아닐까 하는 우려에서 생겨난 것이죠. 하지만 사망 원인을 조사한 결과, 저주에 의한 죽음으로 볼 수 있는 경우는 없었다고 해요. 실제로 투탕카멘의 무덤을 처음으로 발견했던 **하워드 카터(Howard Carter)는 64세일 때까지 살았다고 하네요.**

SEE THE NEXT PAGE! »

1 밑줄 친 <u>rule</u>에 해당하는 우리말을 쓰세요.

_____

2 굵게 표시한 부분과 일치하도록 아래 단어를 알맞게 배열하여 문장을 완성하세요.

Howard Cater lived _____.
(64 years old / until / was / he)

교과서 지식 Bank

중학 역사1 - 이집트의 미라

고대 이집트에서는 선행을 쌓으면 사후에 영원히 살 수 있다고 믿었어요. 그래서 시신을 영구히 보존하기 위해 미라로 만들었답니다. 왕의 경우에는 미라의 관을 황금으로 만들거나 무덤으로 거대한 피라미드를 쌓았고, 왕을 신으로 섬기는 웅장한 신전을 세우기도 했어요.

When Tutankhamun became the king of Egypt, a Pharaoh, he was only ten years old. People called him the "boy king." The "boy king" then ruled Egypt for nine years and died at the age of nineteen. Because he lived such a short time, people do not know much about his life as Pharaoh. However,

5 Tutankhamun is the most famous Pharaoh today. Do you know the reason? ⓐ It is because of his tomb. Tutankhamun's tomb was the first untouched tomb of a Pharaoh. ⓑ It was never touched until a British archaeologist, Howard Carter, found ⓒ it. So, everything was still inside the tomb. ⓓ It had the mummy of Tutankhamun and lots of Egyptian treasure, such as a

10 golden mask, jewelry, and weapons. It even had food. Thanks to his tomb, historians can now study ancient Egypt better.

*archaeologist 고고학자

🔍 **독해가 더 쉬워지는 Tip** ••

at the age of : ~의 나이에

He began to work **at the age of** 16.
(그는 16세의 나이에 일하기 시작했다.)

thanks to: ~ 덕분에, ~ 때문에

Thanks to your help, the concert was very successful.
(너의 도움 덕분에, 그 콘서트는 아주 성공적이었다.)

1 이 글의 내용과 일치하도록 다음 각 빈칸에 알맞은 말을 고르세요.

(1) 투탕카멘이 파라오가 되었을 때, 그는 _____이었다.

(2) 투탕카멘은 _____ 동안 이집트를 지배했다.

(3) 투탕카멘은 _____ 때문에 오늘날 가장 유명한 파라오이다.

(4) 파라오의 미라와 함께 _____이 있었다.

(5) 이 글의 주제는 _____이다.

(1)　① 아홉 살　　　② 열 살　　　③ 열아홉 살

(2)　① 9년　　　② 10년　　　③ 19년

(3)　① 그의 통치력　　② 그의 무덤　　③ 그의 미라

(4)　① 이집트 보물과 음식　　　② 이집트 음식과 전통 의상

(5)　① 투탕카멘의 무덤
　　② 투탕카멘의 숨겨진 비밀
　　③ 투탕카멘의 뛰어난 통치력

2 다음 중 이 글의 내용과 일치하지 <u>않는</u> 것을 고르세요.

① 사람들은 투탕카멘을 '소년 왕'이라고 불렀다.

② 투탕카멘에 대해 많이 알려지지 않았다.

③ 투탕카멘의 무덤 안에 있던 많은 것들이 이미 사라졌다.

④ 투탕카멘의 무덤은 영국의 한 고고학자가 발견했다.

3 글의 밑줄 친 ⓐ ~ ⓓ 중, 가리키는 대상이 나머지 셋과 <u>다른</u> 것을 고르세요.

① ⓐ　　　② ⓑ　　　③ ⓒ　　　④ ⓓ

4 다음 중 투탕카멘 무덤에서 발견된 것이 <u>아닌</u> 것을 고르세요.

① 투탕카멘의 미라　　② 황금 가면　　③ 무기　　④ 보물 지도

Egypt 이집트 / **Pharaoh** 파라오 《고대 이집트 왕의 칭호》 / **then** 그 후에, 그다음에 / **tomb** 무덤 / **untouched** 손대지 않은, 손상되지 않은 / **mummy** 미라 / **Egyptian** 이집트의 / **treasure** 보물 / **such as** ~와 같은 / **golden** 금으로 만든 / **jewelry** 보석 / **weapon** 무기 / **thanks to** ~ 덕분에, ~ 때문에 / **historian** 역사가, 역사학자

교육부 지정 중학 필수 어휘 🎧

정답 및 해설 p.22

either	때 (둘 중) **어느 한쪽, 어느 쪽도**
noise	명 (듣기 싫은) **소리, 소음**
possible	형 **가능한**
scare	동 **겁주다** ※ **scare away** 겁을 주어 ~을 쫓아버리다
sign	명 (~하라는) **신호** 동 **서명하다**
beat – beat – beaten	동 1. (반복적으로) **두드리다, 치다** 2. (게임·시합에서) **이기다**

아래 해석을 참고하여 다음 각 빈칸에 적절한 단어를 위의 목록에서 골라 쓰세요. (동사의 시제와 명사의 수에 유의)

1 We waited for the _____ to cross the street.

2 He started to _____ the drum in the music class.

3 That ghost movie _____ me a lot last night. I couldn't go to sleep.

4 Where is that _____ coming from? I can't hear your voice!

5 You may choose _____ the pie or the cake.

6 Walking on water is not _____ . No one can do that.

해석 1 우리는 길을 건너라는 <u>신호</u>를 기다렸다. 2 그는 음악 시간에 드럼을 <u>치기</u> 시작했다. 3 그 귀신 영화는 어젯밤에 나를 많이 <u>겁주었다</u>. 나는 잠을 수가 없었다. 4 저 <u>소음</u>은 어디에서 오는 거야? 네 목소리가 안 들려! 5 너는 파이나 케이크 (둘 중) <u>어느 것이든</u> 선택해도 된다. 6 물 위를 걷는 것은 <u>가능하지</u> 않다. 아무도 그것을 할 수 없다.

　　해가 가려지는 일식(eclipse of the Sun)과 달이 가려지는 월식(eclipse of the Moon)은 직접 보면서도 믿기 어려울 만큼 신기한 현상이죠? 우리 조상들도 일식과 월식을 보며 신기해하고, 그 이유를 궁금해 했던 것 같아요. 전래동화 「불개 이야기」를 보면 말이죠. 먼 옛날, 어둠으로 가득한 나라를 다스리던 왕이 있었는데, 너무 어두워서 백성들은 걸을 때마다 부딪치고, 책을 읽는 것조차 possible하지 않았어요. 그래서 왕은 불개에게 해와 달을 물어오라고 해요. 하지만 해는 너무 뜨거워 물자마자 뱉어 버리고, 달은 너무 차가워 뱉어 버리고 말아요. 그 후로도 불개는 계속 시도하지만 그 때마다 매번 실패하고, 해를 물면 일식이, 달을 물면 월식이 일어난다고 하는 이야기예요. 그런데 **다른 나라에서도 일식과 월식을 보며 비슷한 생각을 했던 것 같아요.**

SEE THE NEXT PAGE! »

1　밑줄 친 possible에 해당하는 우리말을 고르세요.

　　① 두려운　　　　　② 싫어하는　　　　　③ 가능한

2　굵게 표시한 부분과 일치하도록 아래 단어를 알맞게 배열하여 문장을 완성하세요.

　　It seems that people in other countries _____
　　_____ eclipses. (similar / about / ideas / had)

교과서 지식 Bank

중3 과학 - 일식과 월식

달이 지구의 둘레를 공전하다가 태양-달-지구의 순으로 일직선 상에 위치하게 되면 달이 태양을 가리게 되어 일식이 일어나고, 태양-지구-달의 순으로 위치하게 되면 달이 지구의 그림자 속에 들어가게 되어 월식이 일어난답니다.

Vikings believed that two wolves would cause the end of the world. The two wolves, Skoll and Hati, wanted to eat the Sun and the Moon. Skoll went to the Sun, while Hati chased the Moon. When either the Sun or the Moon is caught, an eclipse takes place. On Earth, people tried to rescue the Sun or
5 Moon by making as much noise as possible to scare away the wolves.

In ancient Greece, people thought a total eclipse was a bad sign. They believed that it was a signal of god's anger and that disasters would happen soon.

In ancient China, people also feared bad things would follow an eclipse.
10 People thought eclipses took place when a dragon ate the Sun. To stop it, people sang together, beat drums, and fired guns to scare the dragon away.

*Viking 바이킹 《스칸디나비아의 한 부족》

**eclipse (해 · 달의) 식(蝕)

***total eclipse 개기식 《일식이나 월식에서 태양이나 달이 완전히 숨겨지는 것》

🔍 **독해가 더 쉬워지는 Tip** •

take place : 일어나다, 개최되다

The Olympics **take place** every four years.
(올림픽 경기는 4년마다 **개최된다**.)

I don't know what **took place** that night.
(나는 그날 밤에 무슨 일이 **일어났는지** 알지 못한다.)

1 이 글의 내용과 일치하도록 다음 각 빈칸에 알맞은 말을 고르세요.

(1) 두 마리 늑대, 스콜과 하티는 해와 달을 _____.
(2) 사람들은 스콜과 하티를 겁을 주어 쫓아내기 위해 _____.
(3) 고대 중국에서는 _____ 식이 일어난다고 믿었다.
(4) 이 글의 주제는 _____이다.

(1) ① 보고 싶어 했다 　　② 먹고 싶어 했다 　　③ 가지고 싶어 했다
(2) ① 큰 소음을 냈다 　　② 함께 노래 불렀다 　　③ 대포를 발사했다
(3) ① 용이 달을 쫓았을 때 　　　　② 용이 태양을 먹었을 때
(4) ① 나라별 일식과 월식에 대한 이야기
　　② 일식과 월식이 생기는 과정
　　③ 일식과 월식의 징조

2 다음 중 이 글의 내용과 일치하는 것을 고르세요.

① 바이킹은 늑대 두 마리가 세상의 평화를 초래할 것이라고 믿었다.
② 늑대가 해나 달을 잡았을 때 식이 끝날 것이라고 생각했다.
③ 고대 그리스 사람들은 개기식이 좋은 징조라고 믿었다.
④ 고대 중국 사람들은 식에 뒤이어 일어날 나쁜 일들을 두려워했다.

3 다음 중 고대 중국 사람들이 일식 때 한 일이 <u>아닌</u> 것을 고르세요.

① 함께 노래를 불렀다 　　　　② 북을 쳤다
③ 신에게 빌었다 　　　　　　④ 대포를 발사했다

4 다음 빈칸 (A)와 (B)에 공통으로 들어갈 단어를 본문에서 찾아 쓰세요.

(1) You need to ___(A)___ this paper. Then, the house is yours.
(2) We have to wait until he gives us a ___(B)___ to come in.

_____

---

cause ~을 초래하다 / while ~하는 동안 / chase 뒤쫓다 / take place 일어나다 / rescue 구하다, 구조하다 / ancient 고대의, 먼 옛날의 /
signal 신호 / disaster 재해, 재앙 / happen (일 · 사건 등이) 일어나다 / soon 곧 / fear 두려워하다 / follow 뒤이어 발생하다 / dragon 용 /
fire 발사하다 / gun 대포

교육부 지정 중학 필수 어휘 🎧

정답 및 해설 p.24

local	형 (특정한) **지방의, 현지의**
statue	명 **조각상**
celebration	명 1. 축하, 기념 2. **축하 행사, 기념 행사**
character	명 1. 성격, (물건의) 특성 2. (소설 등의) **등장인물**, (만화의) **캐릭터** 3. 문자
female	명 여성, 암컷 형 **여성의, 암컷의**
regret	동 1. **후회하다** 2. 유감으로 생각하다

아래 해석**을 참고하여 다음 각 빈칸에 적절한 단어를 위의 목록에서 골라 쓰세요.** (동사의 시제와 명사의 수에 유의)

1 The movie has a sad ending. In the end, the main _____ dies in a car accident.

2 People visit New York to see its famous _____. It's the symbol of the city.

3 She works for the _____ newspaper. She writes about news in the town.

4 The _____ of the new year will start with a parade.

5 I heard that the TV show was amazing. I _____ that I missed it.

6 Many people think soldiers are men, but there are some _____ soldiers, too.

해석 **1** 이 영화의 결말은 슬프다. 결국, 주요 등장인물은 차 사고로 죽는다. **2** 사람들은 뉴욕의 유명한 조각상을 보러 뉴욕을 방문한다. 그것은 그 도시의 상징이다. **3** 그녀는 지방 신문사에서 일한다. 그녀는 그 도시 안에서 일어나는 소식들에 관해 글을 쓴다. **4** 새해 기념 행사는 행진으로 시작할 것이다. **5** 나는 그 TV 프로그램이 굉장했다고 들었다. 나는 그것을 놓친 것을 후회한다. **6** 많은 사람들은 군인들이 남자라고 생각하지만, 여군[여성 군인]들도 좀 있다.

겨울이 되면 여러분은 어떤 활동을 즐기나요? 스키? 눈썰매? 눈사람 만들기? 겨울에는 눈과 얼음으로 할 수 있는 재미있는 활동들이 참 많은데요, 일본에서는 매년 애니메이션 「겨울왕국」을 연상시킬 만한 눈 관련 celebration을 한다고 해요. 세계 3대 축제 중 하나로 손꼽히는 삿포로 눈 축제는 그 규모와 화려함으로 사람들을 깜짝 놀라게 한답니다. 삿포로 눈 축제는 매년 2월에 7일 동안 열리는데, **이 기간에 세계 각국에서 2백만 명 정도의 관광객들이 그 축제를 찾는다고 해요.**

SEE THE NEXT PAGE! »

1 밑줄 친 <u>celebration</u>에 해당하는 우리말을 고르세요.

① 축하 행사, 기념 행사   ② 등장인물, 캐릭터   ③ 조각상

2 굵게 표시한 부분과 일치하도록 아래 단어를 알맞게 배열하여 문장을 완성하세요.

During that time, about 2 million _____

_____ visit the festival. (the world / all over / people / from)

교과서 지식 Bank

중학 사회1 - 냉대 기후 지역의 축제

냉대 기후 지역은 여름에 비해 겨울이 춥고 길며, 침엽수림이 넓게 분포해요. 눈이 많이 내리는 지역은 멋진 설경을 보거나 스키를 타려고 많은 관광객이 찾지요. 이런 지역에서는 눈이나 얼음과 관련된 축제가 많이 열리는데, 일본의 삿포로 눈 축제, 중국의 하얼빈 빙등제 등이 세계적인 축제로 손꼽힌답니다.

The Sapporo Snow Festival started as a one-day event in 1950. Six local high school students built six snow statues in Odori Park. They had a little celebration. Soon, other people in the town became interested and started to build statues in the park, too. Shortly, the one-day event turned into a world-famous festival. During the festival, you can see hundreds of ice statues.

The ice statues have different themes, such as famous buildings and people from the past year. You can also see characters from animations and movies like *Pokemon* and *Star Wars*, too. There are also other contests such as the Susukino Queen of Ice, a female beauty contest. It sounds like a lot of fun, doesn't it? If you have any plans to visit Japan this winter, don't miss out on this fun festival in Sapporo. You will not regret it.

*theme 테마, 주제

🔍 **독해가 더 쉬워지는 Tip** ●

miss out on : (참석하지 않음으로써 유익하거나 즐거운 것을) 놓치다

Come with us. You don't want to **miss out on** the fun.
(우리와 함께 가. 너는 재미있는 것을 **놓치고** 싶지 않지.)

She was too busy with her work. She feels like she **missed out on** many things.
(그녀는 그녀의 일로 너무 바빴다. 그녀는 많은 것들을 **놓쳤다**고 느낀다.)

1 이 글의 내용과 일치하도록 다음 각 빈칸에 알맞은 말을 고르세요.

(1) 1950년에 _____이[가] 삿포로 눈 축제를 시작했다.

(2) 삿포로 눈 축제 동안 _____을[를] 볼 수 있다.

(3) 스스키노 눈의 여왕과 같은 다른 _____이[가] 있다.

(4) 이 글의 주제는 _____이다.

(1) ① 6명의 공무원들 ② 6명의 관광객들 ③ 6명의 고등학생들

(2) ① 축제 개최자 ② 다양한 얼음 조각상 ③ 유명 연예인

(3) ① 조각상 ② 대회 ③ 만화 캐릭터

(4) ① 삿포로 눈 축제의 볼거리

② 스스키노 눈의 여왕의 성격

③ 얼음 조각상을 만드는 방법

2 다음 중 이 글에서 언급되지 <u>않은</u> 것을 고르세요.

① 삿포로 눈 축제가 처음 시작된 공원

② 삿포로 눈 축제가 인기 있는 이유

③ 얼음 조각상들의 주제

④ 스스키노 눈의 여왕이 되기 위한 조건

3 이 글에서 밑줄 친 **female**과 쓰임이 같은 것을 고르세요.

(a) A <u>female</u> cat can have babies two or three times a year.

(b) The elephant is an eight-year-old <u>female</u>.

4 다음 영영 뜻풀이에 공통으로 해당하는 단어를 이 글에서 찾아 쓰세요.

ⓐ to wish you could change your past

ⓑ to feel sorry or sad that something happened

_____

festival 축제 / **event** 일어난 일, 행사 / **soon** 곧, 머지않아 / **interested** 관심 있어 하는 / **shortly** 곧, 얼마 안 되어 / **world-famous** 세계적으로 유명한 / **during** ~ 동안 / **such as** ~와 같은 / **animation** 만화 영화 / **contest** 경연, 대회 / **beauty contest** 미인 대회 / **miss out on** ~을 놓치다

CHAPTER 04 **81**

Chapter
05

What to Learn

어린 왕자가 두려워했던 바오바브나무가 건조한 지역에서 오래 살 수 있는 비결이 무엇인지 알아봐요.

전 세계적으로 많은 사랑을 받고 있는 음료인 커피는 어디에서 처음 만들어졌는지 알아봐요.

미국의 작가 오 헨리의 단편소설인 「마지막 잎새」를 읽으면서 글 속에 담긴 애환을 느껴볼까요?

지금은 많이 사라진 왼손잡이에 대한 과거의 편견들에 대해 알아봐요.

독해가 더 쉬워지는 Tip

take in

in the middle of
come up with

change one's mind
find out

left-handed

교육부 지정 중학 필수 어휘 🎧

정답 및 해설 p.26

bear – bore – born	몡 《동물》 곰 통 1. ~을 참다, ~을 견디다 2. (나무가 꽃이나 열매를) **피우다, 맺다**
grow – grew – grown	통 성장하다, 자라다
growth	몡 1. **성장** 2. (크기·양·정도의) 증가
scared	휑 무서워하는, 겁먹은
planet	몡 행성
usually	툰 보통, 대개, 일반적으로

아래 해석을 참고하여 다음 각 빈칸에 적절한 단어를 위의 목록에서 골라 쓰세요. (동사의 시제와 명사의 수에 유의)

1   I _____ get up at 7 in the morning. But today, I got up late.

2   Apple trees _____ fruit in the fall.

3   The soil is very important to the _____ of vegetables.

4   After I watched a ghost movie, I couldn't go to sleep at all. I was too _____.

5   The Earth is not the closest _____ to the sun.

6   This tree will _____ a lot bigger than a house.

해석 1 나는 보통 아침 7시에 일어난다. 하지만 오늘은 늦게 일어났다. 2 사과나무는 가을에 열매를 맺는다. 3 그 흙은 채소 성장에 매우 중요하다. 4 귀신 영화를 보고 난 후, 나는 잠들 수가 없었다. 나는 너무 무서웠다. 5 지구는 태양에서 가장 가까운 행성이 아니다. 6 이 나무는 집보다 훨씬 더 크게 자랄 것이다.

생텍쥐페리의 「어린 왕자」에는 '바오바브나무(baobab tree)'라는 아주 독특한 모양의 나무가 나와요. 이 나무는 신이 거꾸로 던져서 심었다는 전설이 있는데요, 나무 윗부분에 몰려 있는 줄기의 모양이 마치 뿌리처럼 보이기 때문이에요. 바오바브나무는 비가 많이 내리지 않는 건조한 기후의 아프리카에서 grow하는 희귀식물인데요, 세계에서 가장 크고 오래 사는 나무 중 하나이기도 하답니다. 지금까지 발견된 가장 오래된 나무는 약 6천 년이나 되었다고 하니 정말 놀랍죠? 바오바브나무가 이렇게 오랫동안 살 수 있는 건 다 이유가 있다는데요, 이 나무의 장수 비결은 무엇일까요?

SEE THE NEXT PAGE! »

1 밑줄 친 <u>grow</u>에 해당하는 우리말을 고르세요.

① (열매를) 맺다　　　② 성장하다, 자라다　　　③ 파다, 파헤치다

2 이 글의 내용과 일치하도록 아래 빈칸에 알맞은 말을 넣으세요.

The ＿＿＿＿＿＿＿＿ baobab tree is about 6,000 years old.

교과서 지식 Bank

중1 과학 - 식물의 뿌리

식물의 뿌리는 줄기와 잎을 지탱해주고 물과 무기 염류를 흡수하는 통로가 돼요. 나무가 자랄수록 뿌리도 함께 자라는데, 만약 뿌리가 땅속 깊이 자라지 못하면 바람이 강하게 불 때 뿌리째 뽑히는 일이 생기기도 해요. 식물의 뿌리가 발달하면 흐르는 빗물로부터 토양이 쓸려가지 않도록 보호해주며, 숲이 우거진 곳에서는 빗물이 천천히 흐른답니다.

Most trees use sunlight and water to make energy. With the energy, they get tall, make leaves and flowers, and bear fruits. However, baobab trees are a little different from others. They use very little water, and they take in air through small openings in their leaves. Because they live in such a dry place,
5 with less water than other places, baobab trees grow very slowly.

There is another secret to baobab trees' growth. You can even find it in *The Little Prince*. In the book, the prince keeps digging out the roots of baobab trees. He is scared that one day those trees will destroy his planet. The roots of baobab trees are huge and very long. The roots usually grow twice as long as
10 the height of the tree. They grow very slowly, so they can live longer.

*opening 구멍, 틈

🔍 **독해가 더 쉬워지는 Tip** •••

take in : (몸속으로) ~을 섭취하다, ~을 흡수하다

I need to **take in** more vitamins.
(나는 더 많은 비타민을 섭취해야 한다.)

These plants will grow bigger when they **take in** more water.
(이 식물들은 더 많은 물을 흡수할 때 더 크게 자랄 것이다.)

1 이 글의 내용과 일치하도록 다음 각 빈칸에 알맞은 말을 고르세요.

(1) 바오바브나무는 _____을[를] 거의 사용하지 않는다.
(2) 바오바브나무는 매우 _____ 자란다.
(3) 바오바브나무의 뿌리는 그 나무 높이의 _____만큼 자란다.
(4) 이 글의 주제는 _____이다.

(1) ① 햇빛   ② 공기   ③ 물
(2) ① 천천히   ② 빠르게   ③ 크게
(3) ① 절반   ② 두 배   ③ 세 배
(4) ① 바오바브나무의 특징
     ② 어린 왕자가 바오바브나무를 심은 이유
     ③ 바오바브나무에 얽힌 전설

2 다음 중 이 글에서 언급되지 <u>않은</u> 것을 고르세요.

① 나무들이 에너지를 얻는 데 필요한 것
② 바오바브나무와 다른 나무들의 다른 점
③ 책 「어린 왕자」에서 어린 왕자가 무서워하는 것
④ 가장 오래된 바오바브나무의 크기

3 이 글의 밑줄 친 **growth**와 같은 뜻으로 쓰인 것을 고르세요.

(a) With the <u>growth</u> of the number of people, traffic got worse.
(b) Our homework is to watch the <u>growth</u> of the plant every day.

4 다음 영영 뜻풀이에 해당하는 단어를 이 글에서 찾아 쓰세요.

a very large round thing around the sun or another star

_____

sunlight 햇빛 / however 그러나, 그렇지만 / take in ~을 섭취하다, ~을 흡수하다 / through ~을 통해서 / such 대단히, 매우 / less 더 적은 / secret 비밀 / even 심지어, ~조차도 / dig out ~을 파내다 / root 뿌리 / destroy 파괴하다 / huge 거대한 / twice 두 배로 / height (사물의) 높이, 신장

교육부 지정 중학 필수 어휘 🎧

정답 및 해설 p.27

thousand	명 1,000, 천 형 천의, 천 개의
berry	명 베리 《딸기류의 열매》
strange	형 1. 이상한, 묘한 2. 낯선, 모르는
asleep	형 잠이 든 ※ **fall asleep** 잠이 들다
awake	형 깨어 있는, 자지 않고 동 (자는 사람을) 깨우다, 깨어나다
dry	형 마른, 건조한 동 말리다, 건조시키다

아래 해석을 참고하여 다음 각 빈칸에 적절한 단어를 위의 목록에서 골라 쓰세요. (동사의 시제와 명사의 수에 유의)

1   It is very cold outside. You have to _____ your hair before you go out.

2   Be quiet. The baby is _____.

3   What was that _____ sound? Let's go and check it out.

4   The class was very long and boring. But he tried hard to stay _____ during the class.

5   There were about five _____ people at the concert. It was a big success.

6   The small animals like to eat _____ such as strawberries and blueberries.

해석 1 밖은 매우 춥다. 너는 나가기 전에 머리를 말려야 한다. 2 조용히 해라. 아기가 잠들었다. 3 그 이상한 소리는 뭐였지? 나가서 확인해보자. 4 그 수업은 매우 길고 지루했다. 그러나 그는 수업시간 동안 자지 않기 위해 열심히 노력했다. 5 콘서트에 약 5천 명의 사람들이 있었다. 그것은 큰 성공이었다. 6 그 작은 동물들은 딸기와 블루베리 같은 베리를 먹는 것을 좋아한다.

피곤할 때 커피를 마시면 <u>awake</u>하는 데 도움이 된다고들 하는데요, 지금은 많은 사람들이 즐겨 마시는 커피가 우리나라에 처음 들어온 건 언제일까요? 정확한 기록은 없지만 1890년경이라는 이야기가 가장 설득력 있어요. 당시에 미국, 영국 등 서양의 외교관들이 조선 왕실에 커피를 전했다고 합니다. 최초의 한국인 커피 애호가는 고종황제였는데요, 고종황제는 궁중 의식에도 커피를 사용할 만큼 커피를 무척 좋아했다고

해요. 그 당시 커피는 '약탕국'이라고 불렸는데, 돈 많고 서양 문물에 익숙한 사람들만 마실 수 있었고, 서민들은 가격이 너무 비싸 마실 엄두도 내지 못했어요. 지금은 우리나라 성인이 1년간 마시는 커피의 양이 약 380잔이라고 하니 이러한 변화도 역시 놀랍네요. 그렇다면 커피는 가장 처음 어디에서 만들어져 전 세계로 전파된 것일까요? 여기에는 재미있는 이야기가 전해져오고 있답니다.

SEE THE NEXT PAGE! »

1 밑줄 친 awake에 해당하는 우리말을 고르세요.

① 잠이 든   ② 깨어 있는   ③ 기분 좋은

2 이 글의 내용과 일치하면 T, 그렇지 않으면 F를 쓰세요.

(1) 우리나라에 커피가 처음 들어온 정확한 기록은 없다.   _____

(2) 고종황제는 서양 외교관들에게 커피를 전했다.   _____

(3) '약탕국'은 너무 비싸 서민들은 마실 엄두를 내지 못했다.   _____

교과서 지식 Bank

중학 역사1 - 조선의 개항

개항(開港)은 항구를 열어 외국과 통상하는 일을 말해요. 우리나라는 19세기 후반에 개항을 통해 외국 문물을 받아들이게 되었고, 그 영향으로 의식주 생활에 많은 변화가 나타났어요. 한복 대신 양복을 입는 사람이 늘었고, 상투를 자르는 사람도 많아졌으며, 왕실과 고위 관리들 사이에서는 커피, 홍차, 케이크 등이 유행했답니다. 커피도 이때 들어온 것으로 추측되고 있어요.

About a thousand years ago, an Ethiopian boy, Kaldi, was watching his goats. One day, he found some red berries in a field, and ⓐ his goats ate some of them. After that, the goats' behavior was strange. They were full of energy and dancing and playing until late in the night. So, Kaldi tried the berries, and
5 he also felt great.

Some time later, when a monk was passing by, ⓑ he saw Kaldi and the goats. When Kaldi told ⓒ him about the berries, the monk said, "This will help me and other monks. We always fall asleep in the middle of prayers. If we eat them, we can stay awake."

10 The monk came up with the idea of drying and boiling the berries to make a drink. ⓓ He and other monks loved the new drink because it encouraged them to pray, and tasted good, too.

*Ethiopian (고대) 에티오피아의
**monk (고대) 수도승

🔍 **독해가 더 쉬워지는 Tip** ∙∙∙

in the middle of : ~의 중간에, ~의 도중에

Her cell phone rang **in the middle of** the movie.
(그녀의 휴대전화가 영화 **중간에** 울렸다.)

come up with : ~을 생각해 내다, ~을 제시하다

We need to **come up with** something else.
(우리는 다른 것을 **생각해 내야** 한다.)

1 이 글의 내용과 일치하도록 다음 각 빈칸에 알맞은 말을 고르세요.

> (1) 어느 날, 칼디는 _____을[를] 발견했다.
>
> (2) 빨간 베리를 먹은 칼디의 염소들은 밤늦게까지 _____.
>
> (3) 수도승은 빨간 베리가 자신과 다른 수도승들을 _____ 생각했다.
>
> (4) 그 음료는 수도승들이 _____.
>
> (5) 이 글의 제목은 _____이다.

(1)	① 자신의 염소들	② 빨간 베리	③ 수도승
(2)	① 춤추고 놀았다	② 울었다	③ 빨간 베리를 먹었다
(3)	① 잠들게 할 것이라고	② 도와줄 것이라고	③ 기도하게 할 것이라고
(4)	① 기도하도록 기운을 북돋아 줬다	② 잠이 들도록 도와줬다	
(5)	① 염소들은 왜 빨간 베리를 좋아하는가?		
	② 빨간 베리에 숨겨진 비밀		
	③ 빨간 베리로 만든 음료		

2 다음 중 이 글의 내용과 일치하는 것을 고르세요.

① 베리를 먹은 염소들의 행동은 평상시와 같았다.

② 수도승은 칼디에게 빨간 베리에 대해 말했다.

③ 수도승들은 기도 중간에 잠이 든다고 말했다.

④ 수도승들은 그 음료를 좋아하지 않았다.

3 글의 밑줄 친 ⓐ ~ ⓓ 중, 가리키는 대상이 나머지 셋과 <u>다른</u> 것을 고르세요.

① ⓐ   ② ⓑ   ③ ⓒ   ④ ⓓ

4 밑줄 친 <u>it</u>이 가리키는 것을 같은 문장에서 찾아 쓰세요. (세 단어)

_____

5 다음 영영 뜻풀이에 공통으로 해당하는 단어를 이 글에서 찾아 쓰세요.

> ⓐ different from the normal, unusual
>
> ⓑ something or someone that is unfamiliar

_____

goat 염소 / behavior 행동 / energy 원기, 활력 / pass by 지나가다 / in the middle of ~의 중간에, ~의 도중에 / prayer 기도 / come up with ~을 생각해 내다 / boil (물을) 끓다, 끓이다 / encourage 기운을 북돋우다, ~을 격려하다 / pray 기도하다
선택지 어휘 5 normal 정상적인 / unusual 이상한 / unfamiliar 낯선

교육부 지정 중학 필수 어휘

정답 및 해설 p.29

ill	형 병든, 아픈
illness	명 병, 질병
however	접 그러나, 그렇지만
surprisingly	부 놀랍게도
overcome – overcame – overcome	동 (고난, 역경 등을) 극복하다, 이겨내다
healthy	형 1. 건강한 2. 건강에 좋은

아래 해석을 참고하여 다음 각 빈칸에 적절한 단어를 위의 목록에서 골라 쓰세요. (동사의 시제와 명사의 수에 유의)

1   Exercise is good for health. Staying _____ is very important.

2   She heard the phone ringing. _____, she didn't answer it.

3   He missed school today. He was very _____ with a cold.

4   Because of her _____, she had to stay in the hospital for a week.

5   I was very proud because I _____ many problems and won the contest.

6   It was a small house, but _____ it had a large garden.

해석 1 운동은 건강에 좋다. 건강하게 유지하는 것은 매우 중요하다. 2 그녀는 전화기가 울리는 것을 들었다. 그러나 그녀는 전화를 받지 않았다. 3 그는 오늘 학교에 결석했다. 그는 감기로 매우 아팠다. 4 그녀는 병 때문에, 일주일 동안 입원해 있어야 했다. 5 나는 많은 문제들을 극복하고 대회에서 이겼기 때문에 내가 매우 자랑스러웠다. 6 그것은 작은 집이었지만 놀랍게도 큰 정원이 있었다.

오 헨리(O. Henry)는 미국의 유명한 소설가인데요. 10년 남짓한 시간 동안 단편소설을 무려 300편 가까이 썼답니다. 그의 작품 중 가장 유명한 건 아마 「마지막 잎새(The Last Leaf)」일 거예요.

옛날, 존시(Johnsy)와 수(Sue)라는 젊은 여성 화가들이 함께 살고 있었어요. 어느 날 존시가 심한 **illness**에 걸렸고, 시간이 지날수록 병세가 심해져 점점 지쳐갔답니다. 존시는 자신의 방 창문 밖의 나무를 보며, 나무에 붙어 있는 마지막 잎이 떨어지면 자신도 죽을 거라고 생각했어요. 수는 존시가 그런 생각을 하지 않도록 하려고 노력했지만 도움이 되지 못했어요. 그들이 사는 집 아래층에는 베어먼(Behrman)이라는 나이 든 화가가 살고 있었어요. **그는 자신이 걸작을 그릴 거라고 늘 말했지만 쉽지 않은 일이었지요.**

SEE THE NEXT PAGE! 》

1　밑줄 친 illness에 해당하는 우리말을 쓰세요.

_____

2　굵게 표시한 부분과 일치하도록 아래 단어를 알맞게 배열하여 문장을 완성하세요.

He always said _____ a masterpiece, but
it was not easy. (would / he / draw)

교과서 지식 Bank

중1 국어 - 20년 후

오 헨리의 단편 소설 중 하나로, 20년 만에 만난 두 친구의 갈등을 그린 작품이에요. 지명수배자인 밥은 약속 장소에서 자신의 친구 지미를 기다리던 중에 우연히 한 경찰을 만나 자신의 친구 지미에 관한 이야기를 해요. 잠시 후 그 경찰이 떠나고 곧 지미라는 사람이 나타나지만, 밥은 곧 그 사람이 자신의 친구인 지미가 아님을 알게 되지요. 나중에 밥은 한 쪽지를 전달받는데요, 그 내용은 앞서 만난 경찰이 친구 지미였고, 지미는 밥이 지명수배자임을 알고는 차마 직접 친구를 체포할 수 없어 다른 경찰을 보냈다는 것이었어요.

One afternoon, Sue told Behrman, "Johnsy is very ill. She will die when the last leaf falls." That night, a storm came with strong winds. There was only one leaf on the tree, and Sue saw it.

The next morning, Johnsy asked to open the window to see the tree. Sue
5 thought, "All the leaves will be gone." However, there was still one leaf on the tree! Johnsy thought it might fall that day, but surprisingly it was still there on the next day, too. Because of the leaf, Johnsy changed her mind. She overcame her illness and became healthy again.

Soon after, a doctor told Sue, "Behrman is very sick." Sadly, Behrman died
10 a short time later. After he was dead, Sue and Johnsy found brushes and a palette outside. Then they found out Behrman's secret. The last leaf on the tree was his masterpiece. It never fell because he painted it on the tree for Johnsy!

*palette (미술용) 팔레트

**masterpiece 걸작, 명작

🔍 독해가 더 쉬워지는 Tip

change one's mind : ~의 마음을 바꾸다, 생각을 바꾸다

I **changed my mind**. I will take the red pen instead of the blue pen.
(나는 **내 마음을 바꿨다**. 나는 파란 펜 대신 빨간 펜을 살 것이다.)

find out : 알아내다, 알게 되다

He just **found out** about his grades. He was in shock because they went down.
(그는 방금 자신의 성적에 대해 **알게 되었다**. 성적이 내려가서 그는 충격에 빠졌다.)

1 이 글의 내용과 일치하도록 다음 각 빈칸에 알맞은 말을 고르세요.

(1) 수는 베어먼에게 _____ 말했다.

(2) 존시는 수에게 _____ 요청했다.

(3) 존시는 _____ 때문에 마음을 바꿨다.

(4) 베어먼이 죽은 후에, 존시와 수는 _____에 대해 알게 되었다.

(5) 이 글의 주제는 _____이다.

(1) ① 폭풍이 올 것이라고　　② 존시가 아프다고　　③ 나무에 잎이 떨어졌다고

(2) ① 그림을 그려 달라고　　② 창문을 열어 달라고　　③ 베어먼을 데려오기를

(3) ① 마지막 잎　　② 수가 도와줬기　　③ 베어먼이 돌봐 줬기

(4) ① 베어먼의 병　　② 베어먼의 팔레트　　③ 베어먼의 비밀

(5) ① 두 소녀의 우정

　　② 베어먼의 큰 슬픔

　　③ 베어먼의 뜻깊은 배려

2 다음 중 이 글의 내용과 일치하지 <u>않는</u> 것을 고르세요.

① 수는 존시에게 마지막 잎이 떨어질 것이라 말했다.

② 존시는 마지막 잎이 떨어질 것이라고 생각했다.

③ 존시는 병을 이겨내고 다시 건강해졌다.

④ 마지막 잎은 베어먼의 걸작이었다.

3 다음 중 밑줄 친 **Behrman's secret**이 의미하는 것을 고르세요.

① 베어먼이 예전부터 병이 있었다.

② 베어먼이 존시를 좋아했다.

③ 베어먼이 마지막 잎을 떨어뜨렸다.

④ 베어먼이 나무에 마지막 잎을 그렸다.

4 다음 영영 뜻풀이에 공통으로 해당하는 단어를 이 글에서 찾아 쓰세요.

ⓐ free from illness

ⓑ helping you to stay strong and not ill

---

storm 폭풍, 폭풍우 / **gone** 사라진 / **still** 여전히 / **change one's mind** ~의 마음을 바꾸다, 생각을 바꾸다 / **find out** 알아내다, 알게 되다 / **secret** 비밀

교육부 지정 중학 필수 어휘 🎧

정답 및 해설 p.30

hand	명 손 동 직접 건네주다, 넘겨주다	
shake – shook – shaken	동 1. 흔들다, 흔들리다 2. 악수하다	
polite	형 공손한, 예의 바른	
point	명 1. 의견, 주장 2. 점수 동 가리키다, 손가락질하다	
item	명 항목, 품목, 물품	
agreement	명 동의, 합의	

아래 해석을 참고하여 다음 각 빈칸에 적절한 단어를 위의 목록에서 골라 쓰세요. (동사의 시제와 명사의 수에 유의)

1   She _____ to the door and said, "Get out!"

2   The singer _____ hands with his fans.

3   The service at the restaurant was very slow, but the waiters were _____.

4   He _____ me a box and said, "Happy birthday."

5   He nodded as a sign of _____.

6   My mom gave me a list of _____ to buy at the market.

해석 1 그녀는 문을 가리키며 "나가."라고 말했다. 2 그 가수는 그의 팬들과 악수를 했다. 3 그 레스토랑의 서비스는 매우 느렸지만 종업원들은 예의 발랐다. 4 그는 나에게 상자를 하나 건네주고 "생일 축하해."라고 말했다. 5 그는 동의의 표시로 고개를 끄덕였다. 6 우리 엄마는 나에게 시장에서 살 물품 목록을 주셨다.

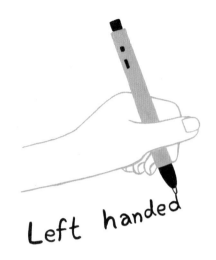

많은 사람들과 모여 함께 지내다 보면 가치관도 서로 다르고 편견을 가진 사람들도 많다는 걸 알게 되는데요, 그중 한 가지가 왼손잡이예요. **여러분은 오른손, 왼손 중에 어느 손을 더 자주 사용하나요?** 옛날에는 왼손을 사용하는 아이를 보면 꾸중을 했을 만큼 왼손잡이에 대한 편견이 있는 경우가 많았어요. 오래전, 일본에서는 여자가 왼손잡이라는 게 밝혀지면 남편으로부터 이혼을 요구받기도 했고, 우리나라에서도 조선 시대에는 왼손은 천민들이 쓰는 손이라고 생각해 양반들은 왼손을 쓰지 않았어요. 이러한 편견은 언어에서도 드러나는데요, 영어에서 '오른쪽'을 뜻하는 right에 '옳은, 바른'이라는 뜻이 있어요. 반대쪽인 왼쪽은 옳지 않다는 인식이 있었던 것이지요. 지금은 왼손잡이에 대한 편견이 많이 사라지긴 했지만 몇몇 관습들은 아직도 남아 있어요.

SEE THE NEXT PAGE! »

1 이 글의 내용과 일치하면 T, 그렇지 않으면 F를 쓰세요.

(1) 일본에서는 왼손은 천민들이 쓰는 손이라고 생각했었다. _____

(2) 조선시대에는 양반들이 왼손을 쓰지 않았다. _____

(3) 왼손잡이에 대한 편견은 언어에서도 찾을 수 있다. _____

2 굵게 표시한 부분과 일치하도록 아래 단어를 알맞게 배열하여 문장을 완성하세요.

Which _____ often, your right hand or left hand? (more / use / hand / you / do)

교과서 지식 Bank

중학 사회1 - 문화

문화란 한 사회의 구성원들이 주어진 환경에 적응하면서 만들어 온 그 사회의 공통된 생활양식을 말해요. 식생활과 관련된 여러 가지 관습, 인사하는 법, 행동 방식 등 모든 것이 포함되는 것이지요.

Indians and Muslims do not use their left hand when they eat or shake hands. They think the left hand is only for cleaning themselves. In some parts of Scotland, people believe that meeting a left-handed person will bring you bad luck on a trip. In Ghana, it is not polite to use the left hand when you

5 point, gesture, or give or receive items. They even put their left hand behind them when they give directions to someone. Chinese people also believe that using the left hand brings bad luck. When they hand their name card with their left hand in a business deal, they will probably fail to reach an agreement.

10 However, there are lots of left-handed people around the world. Almost 10% of all people on Earth use their left hand to write, eat, and work. Many famous people are left-handed, such as Aristotle, Napoleon, Beethoven, Einstein, and Bill Gates.

*Muslim 무슬림 《이슬람교도》

🔍 **독해가 더 쉬워지는 Tip** ∙∙∙

left-handed : 왼손잡이의 (↔ right-handed. 오른손잡이의)

He is a **left-handed** table tennis player.
(그는 **왼손잡이** 탁구선수이다.)

Those scissors are for **left-handed** people.
(저 가위는 **왼손잡이인** 사람들을 위한 것이다.)

1 이 글의 내용과 일치하도록 다음 각 빈칸에 알맞은 말을 고르세요.

(1) 인도 사람들과 무슬림들은 ＿＿＿＿＿＿＿＿＿ 왼손을 사용하지 않는다.
(2) 가나에서는 누군가에게 지시할 때 자신의 ＿＿＿＿＿＿＿＿.
(3) 중국 사람들은 왼손을 사용하는 것이 ＿＿＿＿＿＿＿ 믿는다.
(4) 오늘날 ＿＿＿＿＿＿＿＿는 왼손잡이이다.
(5) 이 글의 주제는 ＿＿＿＿＿＿＿이다.

(1) ① 무언가를 가리킬 때　② 먹거나 악수할 때　③ 씻을 때
(2) ① 오른손을 뒤에 둔다　② 왼손을 뒤에 둔다　③ 왼손으로 손짓을 한다
(3) ① 불운을 가져올 것이라고　② 사업 성공의 비결이라고
(4) ① 유명한 사람들 모두 다　② 우리나라 인구의 10%　③ 지구 전체 인구의 10%
(5) ① 유명한 사람들이 왼손잡이인 이유
　　② 왼손 사용에 대한 나라별 편견
　　③ 왼손잡이가 좋은 이유

2 다음 중 이 글의 내용과 일치하지 <u>않는</u> 것을 고르세요.

① 무슬림들은 왼손을 씻을 때만 사용한다.
② 스코틀랜드에서는 왼손잡이를 만나는 것을 행운이라 믿는다.
③ 가나에서는 왼손으로 물품을 주고받는 것을 무례하다고 여긴다.
④ 베토벤과 빌게이츠는 왼손잡이이다.

3 이 글의 밑줄 친 **point**와 쓰임이 같은 것을 고르세요.

(a) You should not <u>point</u> at someone with your finger.
(b) She scored a <u>point</u> in the soccer match.

4 다음 영영 뜻풀이에 공통으로 해당하는 단어를 이 글에서 찾아 쓰세요.

ⓐ to hold and move something quickly up and down or side to side
ⓑ to take the hand of another in greeting or congratulations

left-handed 왼손잡이의 / **gesture** 손짓을 하다 / **receive** 받다 / **give directions to A** A에게 지시하다 / **name card** 명함 / **deal** 거래 / **probably** 아마 / **fail** 실패하다 / **reach** ~에 이르다, 닿다 / **however** 그러나, 그렇지만 / **such as** ~와 같은
선택지 어휘 4 **greeting** 인사

Chapter

06

What to Learn	**독해가 더 쉬워지는 Tip**
감동을 주는 글의 특징을 알아보고, 그 특징을 생각하며 감동적인 이야기 한 편을 읽어봅시다.	stay + 형용사
산타클로스의 유래 중 가장 유명한 성인 니콜라스와 크리스마스 양말은 어떤 관계가 있을까요?	send A away
처음으로 미지수를 x로 표기한 수학자 데카르트와 그의 딸 프란신에 관한 슬픈 이야기를 읽어봐요.	by chance
서양과 동양의 문명이 결합된 헬레니즘이 가져온 변화에 대해서 알아봐요.	go on

교육부 지정 중학 필수 어휘 🎧

정답 및 해설 p.33

station	명 (철도의) 역, 정거장
step	명 걸음, 발걸음 동 (발걸음을 떼어놓아) 움직이다, 서다
land	명 육지, 땅 동 1. (비행기 등이) 착륙하다, 도착하다 2. 떨어지다, 땅에 부딪치다
track	명 1. 지나간 자취, 흔적 2. (기차) 선로
worried	형 걱정하는

아래 해석을 참고하여 다음 각 빈칸에 적절한 단어를 위의 목록에서 골라 쓰세요. (동사의 시제와 명사의 수에 유의)

1 When he _____ into his boat to go fishing, it started to rain. So, he went to a cafe instead.

2 Playing on the _____ is very dangerous.

3 We must get to the train _____ by 2 o'clock. The train leaves at 2:10.

4 The bird was not hurt, because it _____ in the snow.

5 I am _____ about the test because I didn't study enough.

해석 1 그가 낚시하러 가기 위해 배에 올라 섰을 때 비가 오기 시작했다. 그래서 그는 대신 카페에 갔다. 2 선로 위에서 노는 것은 매우 위험하다. 3 우리는 2시까지 기차역에 도착해야 한다. 그 기차는 2시 10분에 출발한다. 4 그 새는 다치지 않았다. 왜냐하면 눈 속으로 떨어졌기 때문이다. 5 나는 시험에 대해 걱정하고 있다. 왜냐하면 충분히 공부하지 않았기 때문이다.

마하트마 간디(Mahatma Gandhi)는 인도의 영웅으로 불릴 만큼 아주 존경받았던 인물이에요. 인도의 민족운동을 이끈 지도자였고, 영국의 식민지였던 인도가 독립하는 데 큰 공헌을 한 인물이기도 하죠. 인도 사람들에게 '정신적 아버지'로 불릴 만큼 인도를 위해 열과 성을 다한 사람이에요. 간디는 인도에서 태어나 어린 시절을 보냈고, 영국으로 유학을 갔다가, 남아프리카 생활을 한 후에 인도로 돌아와 세상을 떠날 때까지 비폭력 독립운동을 펼쳤어요. 간디의 성품을 보여주는 감동적인 일화도 많이 있는데요, 그중 어느 <u>station</u>에서 있었던 신발과 관련된 이야기를 한번 알아봐요.

SEE THE NEXT PAGE! ≫

1   '간디'에 관한 설명 중 이 글의 내용과 일치하지 <u>않는</u> 것을 고르세요.

① 간디는 많은 사람들에게 존경받았다.

② 영국에 대항해 비폭력 독립운동을 펼쳤다.

③ 사람들은 간디를 '정신적 아버지'라고 불렀다.

④ 간디는 영국에서 태어나서 남아프리카 생활을 했다.

2   밑줄 친 <u>station</u>에 해당하는 우리말을 쓰세요.

_____

교과서 지식 Bank

중3 국어 - 감동을 주는 글

감동이나 즐거움을 주는 글은 그 글을 읽는 사람에게 글을 쓴 사람 혹은 이야기에 등장하는 사람의 삶과 경험을 나누어 가질 수 있도록 하여 삶이나 세계에 대해 새로운 생각과 느낌을 얻을 수 있도록 해준답니다.

One day, Gandhi went to the station to take a train. When he stepped onto the train, one of his shoes fell off and landed on the tracks. He tried to pick it up, but the train started to move. People around him looked worried, but Gandhi stayed calm. He just stood up and took off his other shoe as well.

5 Everyone was watching, _____ no one understood. Then, Gandhi threw his second shoe onto the tracks near the first shoe. Out of curiosity, one of the other passengers asked Gandhi, "Why did you throw the second shoe?" Gandhi smiled and answered the question. "Someone poor will find the pair of shoes and use them," Gandhi answered.

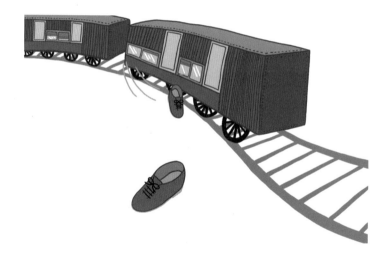

🔍 **독해가 더 쉬워지는 Tip** •••

stay + 형용사: ~인 채로 있다, ~하게 유지하다

He wants to **stay** single forever.
(그는 영원히 독신인 채로 있고 싶어 한다.)

I exercise every day to **stay** fit.
(나는 좋은 체격을 유지하기 위해서 매일 운동한다.)

1 이 글의 내용과 일치하도록 다음 각 빈칸에 알맞은 말을 고르세요.

(1) 간디가 기차에 타면서 그의 _____이[가] 선로 위로 떨어졌다.

(2) 주변 사람들은 걱정했지만 간디는 _____.

(3) 간디는 다른 신발 한 짝을 _____.

(4) 간디는 다른 누군가가 자신의 _____ 추측했다.

(5) 이 글의 제목은 _____이다.

(1)　① 기차표　　　　　② 신발 한 짝　　　　　③ 신발 한 켤레

(2)　① 당황했다　　　　② 차분했다　　　　　③ 놀랐다

(3)　① 실수로 떨어뜨렸다　② 잃어버렸다　　　③ 던졌다

(4)　① 신발 한 켤레를 사용할 것이라고　　② 신발 한 켤레를 버려줄 것이라고

(5)　① 간디의 기부 정신

　　② 간디의 뜻깊은 배려심

　　③ 주변 사람들의 간디에 대한 존경심

2 다음 중 이 글의 내용과 일치하지 <u>않는</u> 것을 고르세요.

① 간디가 신발을 집으려고 하자 기차가 움직이기 시작했다.

② 간디는 신발을 줍기 위해 기차에서 내렸다.

③ 주변 사람들은 간디의 행동을 이해하지 못했다.

④ 한 승객이 간디의 다른 신발 한 짝에 대해 질문했다.

3 다음 중 글의 빈칸에 들어갈 말로 가장 알맞은 것을 고르세요.

① then　　　　② but　　　　③ or　　　　④ so

4 이 글의 밑줄 친 **stayed**와 같은 뜻으로 쓰인 것을 고르세요.

(a) The kids <u>stayed</u> inside because it started to rain.

(b) The store <u>stayed</u> closed until 5 o'clock yesterday.

one day 어느 날 / **onto** ~ 위에 / **pick A up** A를 집다 / **calm** 침착한, 차분한 / **take off** (옷 등을) 벗다 / **as well** ~도, 또한 / **then** 그다음에 / **throw** 던지다 / **out of curiosity** 호기심에서 / **other** 다른, 그 밖의 / **passenger** 승객 / **pair** (두 개로 된) 한 쌍

교육부 지정 중학 필수 어휘 🎧

정답 및 해설 p.34

village	명 마을
feed – fed – fed	동 1. 밥을 먹이다, 먹이를 주다 2. (가족 등을) 먹이다, 먹여 살리다 3. 먹을 것을 먹다
through	전 ~을 통해서, ~을 지나서
receive	동 (제공·배달된 것 등을) 받다, 수령하다
secret	형 비밀의, 기밀의 명 비밀, 숨겨진 것

아래 해석을 참고하여 다음 각 빈칸에 적절한 단어를 위의 목록에서 골라 쓰세요. (동사의 시제와 명사의 수에 유의)

1 Some soldiers get special training at a _____ place. No one can find out where.

2 In her _____ there are about thirty houses.

3 The man is poor. He doesn't have enough money to _____ his family.

4 To get to the city, you have to pass _____ the tunnel.

5 On my birthday, I _____ many presents from friends. I was very happy.

해석 1 어떤 군인들은 비밀의 장소에서 특별한 훈련을 받는다. 아무도 어디인지 알아낼 수 없다. 2 그녀의 마을에는 약 30채의 집이 있다. 3 그 남자는 가난하다. 그는 자신의 가족을 먹여 살릴 돈이 충분하지 않다. 4 그 도시에 도착하기 위해 그 터널을 통해 지나가야 한다. 5 내 생일에 나는 친구들로부터 많은 선물을 받았다. 나는 정말 행복했다.

전 세계 사람들이 가장 손꼽아 기다리는 명절 중 하나가 크리스마스일 거예요. 크리스마스이브가 되면 어린이들은 산타클로스(Santa Claus) 할아버지에게 선물을 받기를 기대하며 설레는 마음으로 양말을 걸어 놓고 잠들곤 하죠. 그런데 왜 산타클로스 할아버지는 빨간 옷을 입고 다니는 걸까요? 그리고 왜 양말을 걸어 두는 걸까요?

산타클로스의 유래에 관해서는 여러 이야기가 전해지고 있지만, 그중 가장 유명한 것은 '성 니콜라스(St. Nicholas)'의 이름에서 따왔다는 이야기예요. 니콜라스는 3세기에 지금의 터키 부근에서 태어난 한 성인(聖人)인데요, 어릴 때부터 사람들에게 친절했고 어려운 사람들을 보면 자신의 음식을 나눠 주곤 했죠. 그는 모자가 달린 빨간색 코트를 입고 여러 **village**들을 다니면서 어려운 사람들을 도와주었답니다.

SEE THE NEXT PAGE! ≫

1 밑줄 친 village에 해당하는 우리말을 쓰세요.

_____

2 이 글의 내용과 일치하면 T, 그렇지 않으면 F를 쓰세요.

(1) 산타클로스는 '성 니콜라스'의 이름에서 따왔다. _____

(2) 니콜라스는 어릴 때부터 생활이 어려워서 음식을 얻어먹었다. _____

(3) 그는 모자가 달린 빨간색 코트를 입고 어려운 사람들을 도왔다. _____

교과서 지식 Bank

중학 사회2 - 세계화

세계화로 나라 간에 물건을 사고파는 것이 자유로워져 전 세계적으로 다른 나라에서 만든 물건을 쉽게 사서 사용할 수 있는데요, 전 세계 사람들이 같은 음악을 듣고 같은 물건을 사용하면서 즐거워하는 것도 바로 세계화의 한 모습이라고 할 수 있어요. 이런 세계화된 것 중 하나로 빨간 옷의 산타클로스를 꼽을 수 있어요. 원래는 대주교들이 입었던 빨간 옷에서 시작이 되었는데요, 우리에게 익숙한 산타클로스의 복장은 코카콜라 광고에서 그린 그림에서 유래되었다고 해요.

In one village, Nicholas heard a very sad story of a poor old man and his three young daughters. The man could no longer feed his daughters and had to send ⓐ them away. That night, Nicholas went to the old man's house. He climbed up to the rooftop to find the chimney. There Nicholas dropped

5 three bags of gold down through the chimney. Earlier that day, the three sisters washed ⓑ their stockings and hung ⓒ them by the fireplace to dry. Each small bag of gold fell into a different stocking below. The next morning, the girls found gold coins in their stockings. "Father!" ⓓ they called and ran to wake him. "We received a magical gift!" The story of these three sisters

10 spread from village to village. People began to hang their stockings by the fire and hope for a secret gift the next morning.

🔍 **독해가 더 쉬워지는 Tip** ••••••••••••••••••••••••••••••••••••

send A away : A를 떠나 보내다, A를 멀리 보내다

I had to **send** my dog **away** because I live in an apartment.
(내가 아파트에서 살기 때문에 우리 개를 멀리 보내야 했다.)

The woman **sent** her son **away** for a while because she was very sick.
(그 여자는 매우 아파서 그녀의 아들을 잠시 떠나 보냈다.)

1 이 글의 내용과 일치하도록 다음 각 빈칸에 알맞은 말을 고르세요.

(1) 한 남자가 너무 가난해서 그의 딸들을 _____.
(2) 니콜라스는 _____을[를] 찾기 위해 지붕으로 올라갔다.
(3) 세 자매는 양말을 말리기 위해 _____ 걸어두었다.
(4) 세 자매의 이야기를 들은 후로 사람들은 다음 날 아침 _____.
(5) 이 글의 제목은 _____이다.

(1) ① 교육시킬 수 없었다   ② 찾을 수 없었다   ③ 먹여 살릴 수 없었다
(2) ① 굴뚝   ② 양말   ③ 금이 담긴 가방
(3) ① 굴뚝에   ② 벽난로 옆에   ③ 옥상에
(4) ① 비밀의 선물을 바랐다   ② 굴뚝에 양말을 걸었다
(5) ① 니콜라스 성인의 어린 시절
    ② 크리스마스 양말의 유래
    ③ 아버지와 세 딸의 이별

2 다음 중 이 글의 내용과 일치하지 <u>않는</u> 것을 고르세요.

① 니콜라스는 가난한 남자의 이야기를 마을에 퍼뜨렸다.
② 굴뚝을 통해 니콜라스는 금이 담긴 자루를 떨어뜨렸다.
③ 세 자매는 달려가 아버지를 깨웠다.
④ 세 자매의 이야기는 마을에서 마을로 널리 퍼졌다.

3 글의 밑줄 친 ⓐ ~ ⓓ 중, 가리키는 대상이 나머지 셋과 <u>다른</u> 것을 고르세요.

① ⓐ   ② ⓑ   ③ ⓒ   ④ ⓓ

4 다음 빈칸 (A)와 (B)에 공통으로 들어갈 단어를 본문에서 찾아 쓰세요.

(1) Can you keep a ___(A)___ ? Don't tell anybody.
(2) That room was my ___(B)___ place. I used to hide in there.

---

hear 듣다, 들리다 / **no longer** 더 이상 ~ 아닌 / **send A away** A를 떠나보내다, A를 멀리 보내다 / **rooftop** (건물의) 지붕, 옥상 / **chimney** 굴뚝 / **stocking** 긴 양말, 스타킹 《보통 무릎 위까지 오는 것》 / **hang** 걸다, 달아매다 / **fireplace** 벽난로 / **magical** 마술의, 마법의 / **spread** 퍼지다

교육부 지정 중학 필수 어휘

정답 및 해설 p.36

board	명 판자, 널빤지
	동 (배 · 기차 · 버스 · 비행기 등에) **타다**
head	명 머리
	형 제일의, 주요한
	동 (어떤 지점으로) **나아가다, 전진하다**
crew	명 1. (승객을 제외한) 승무원 전원
	2. (고급 선원을 제외한) **일반 선원들**
curse	동 1. 저주하다 2. 욕(설)을 하다
	명 1. 저주 2. 욕(설), 악담
	※ **under a curse** 저주를 받아
dump	동 (쓰레기를) **버리다**
probably	부 아마도, 대개는

아래 해석을 참고하여 다음 각 빈칸에 적절한 단어를 위의 목록에서 골라 쓰세요. (동사의 시제와 명사의 수에 유의)

1 He got on his camel and _____ toward an oasis.

2 If it snows a lot tonight, we _____ won't go to the movies.

3 The captain was talking about his plan, and the _____ was listening very carefully.

4 The prince turned into a frog because he was under a _____.

5 You cannot _____ trash in this area.

6 It's time to _____ the train. Get your tickets ready.

해석 1 그는 낙타를 타고 오아시스를 향해 전진했다. 2 만약 오늘 밤에 눈이 많이 내리면 우리는 아마 영화 보러 가지 않을 것이다. 3 그 선장은 자신의 계획에 대해 말하고 있었고 선원들은 매우 주의 깊게 듣고 있었다. 4 그 왕자는 저주를 받았기 때문에 개구리로 변했다. 5 너는 이 구역에 쓰레기를 버릴 수 없다. 6 기차를 탈 시간이다. 표를 준비해라.

수학에서 방정식 문제를 풀 때, 값을 알아내려고 하는 문자, 즉 미지수를 x로 표기하죠? 처음으로 미지수 x를 쓴 사람이 누구인지 알고 있나요? 바로 '나는 생각한다, 고로 존재한다.'라는 유명한 말을 남긴 철학자이자 수학자 르네 데카르트(René Descartes)예요.

어릴 때 무척 병약했던 데카르트는 자고 싶을 때까지 자곤 했다고 해요. 늦은 시간까지 침대에 누워 있으면서 사색에 잠길 시간이 많았고, 그 덕분에 과학, 철학, 수학 분야에 수많은 업적을 남길 수 있었다고 하네요.

그런 그에게는 프란신(Francine)이라는 딸이 하나 있었는데요, 이 딸에 관한 슬프기도 하고 조금 무섭기도 한 이야기가 전해지고 있어요.

SEE THE NEXT PAGE! ≫

1 '데카르트'에 관한 설명 중 이 글의 내용과 일치하지 <u>않는</u> 것을 고르세요.

① 처음으로 미지수를 x로 표기한 사람이다.

② 수학 분야에서만 많은 업적을 남겼다.

③ 데카르트의 딸, 프란신에 관한 슬픈 이야기가 있다.

2 이 글의 내용과 일치하도록 아래 단어를 알맞게 배열하여 문장을 완성하세요.

Because Descartes was often sick, he slept _____
_____. (he / as / as / wanted / long)

교과서 지식 Bank

중1 수학 - 방정식

방정식은 미지수 x를 포함하는 등식으로, 미지수의 값에 따라 참 또는 거짓이 되는 식을 뜻해요. 예를 들어, $2x+3=7$이라는 등식이 있을 때, x가 2이면 참이고 3이면 거짓이 되지요. 방정식을 참이 되게 하는 x값을 그 방정식의 '해' 또는 '근'이라고 하고, 방정식의 해를 구하는 것을 '방정식을 푼다'라고 해요.

René Descartes had a daughter, Francine. When Francine was 5 years old, Descartes made plans to take her to France for education, but Francine died of a disease before her sixth birthday. He was very sad over the death of his daughter. So, he made a doll and carried it with him all the time.

5   In 1649, Queen Christina of Sweden asked Descartes to be her teacher, so he boarded a ship to meet the queen. While the ship was heading for Sweden, the crew found Descartes' doll by chance. The doll looked just like a 5-year-old Francine. It could even sit up straight and turn its eyes to look at them. The crew was afraid that it was under a curse. They thought something bad
10 could happen before they landed, so they dumped it into the sea. Probably, Francine is still somewhere at the bottom of the North Sea today.

🔍 **독해가 더 쉬워지는 Tip** •••

`by chance` : 우연히, 뜻밖에

He met his uncle at the market **by chance**.
(그는 삼촌을 시장에서 **우연히** 만났다.)

She planned everything. Nothing could happen **by chance**.
(그녀는 모든 것을 계획했다. 아무것도 **우연히** 일어날 수 없었다.)

1 이 글의 내용과 일치하도록 다음 각 빈칸에 알맞은 말을 고르세요.

(1) 데카르트는 _____을[를] 닮은 인형을 만들었다.

(2) 1649년에 데카르트는 _____(으)로 향하는 배에 탔다.

(3) 선원들은 데카르트의 인형이 _____ 생각했다.

(4) 이 글의 주제는 _____이다.

(1)　① 자신의 딸　　　　　② 스웨덴 여왕　　　　　③ 자신의 아내

(2)　① 프랑스　　　　　　② 스위스　　　　　　　③ 스웨덴

(3)　① 예쁘다고　　　　　② 데카르트와 닮았다고　③ 저주를 받았다고

(4)　① 데카르트와 프란신의 여정

　　② 선원들이 두려워한 프란신 인형

　　③ 데카르트 인형의 저주

2 다음 중 이 글의 내용과 일치하지 <u>않는</u> 것을 고르세요.

① 프란신은 질병으로 여섯 번째 생일 전에 죽었다.

② 데카르트는 인형을 항상 지니고 다녔다.

③ 그 인형은 똑바로 앉거나 눈을 돌릴 수 있었다.

④ 데카르트는 선원들이 두려워하자 인형을 버렸다.

3 다음 영영 뜻풀이에 공통으로 해당하는 단어를 이 글에서 찾아 쓰세요.

ⓐ to wish something bad happens to someone

ⓑ a rude word or phrase

_____

4 다음 중 문맥상 **by chance**가 들어가기에 더 적절한 곳을 고르세요.

I saw the letter ___①___ , but don't worry. I did not read it ___②___ .

---

education 교육 / disease 병, 질병 / Sweden 스웨덴 / by chance 우연히 / even 심지어, ~조차도 / straight 똑바로 / land (비행기나 배를 타고) 도착하다, 착륙하다 / somewhere 어딘가에, 어딘가로 / bottom 밑, 바닥 / the North Sea 북해

선택지 어휘 3 rude 무례한 / phrase 어구

교육부 지정 중학 필수 어휘 🎧

정답 및 해설 p.37

cultural	형 문화의, 문화적인
characteristic	명 특질, 특색 형 특질 있는, 특징적인
mainly	부 주로, 대부분은
last	한 마지막의 부 가장 최근에, 마지막으로 동 (특정한 시간 동안) 계속되다, 지속되다
mix	동 섞다, 섞이다, 혼합하다
exchange	명 교환 동 ~을 교환하다
affect	동 영향을 미치다

아래 해석을 참고하여 다음 각 빈칸에 적절한 단어를 위의 목록에서 골라 쓰세요. (동사의 시제와 명사의 수에 유의)

1   The price of eggs went up. It _____ the price of bread.

2   Monkeys can catch things with their tails. It's one of the _____ of monkeys.

3   The soccer match usually _____ about 90 minutes.

4   There are many _____ differences between countries in the East and the West.

5   *Romeo and Juliet* is _____ about the love between two teenagers.

6   In meetings, people usually _____ ideas and other information to create something better.

7   You need to _____ milk and ice cream to make a milkshake.

해석 1 달걀의 가격이 올라갔다. 이것은 빵 가격에 영향을 미쳤다. 2 원숭이는 자신의 꼬리로 물건을 잡을 수 있다. 그것은 원숭이의 특색들 중 하나이다. 3 축구 경기는 보통 약 90분 동안 지속된다. 4 동양과 서양 나라들 사이에는 문화적 차이가 많다. 5 「로미오와 줄리엣」은 주로 두 십대들 사이의 사랑에 대한 것이다. 6 회의에서는 사람들은 보통 더 나은 무언가를 만들기 위해 아이디어와 다른 정보를 교환한다. 7 너는 밀크셰이크를 만들기 위해 우유와 아이스크림을 섞어야 한다.

고대 그리스의 수학자이자 물리학자였던 아르키메데스가 "유레카! 유레카!"를 외치며 맨몸으로 거리를 뛰어다닌 일화는 아주 유명하죠? 목욕탕에 들어갔다가 자기 몸의 부피만큼 물이 넘쳐난다는 사실을 깨닫고는 목욕탕에서 뛰쳐나와 "알아냈다! 알아냈다!"라고 외친 것이지요. 아르키메데스가 살던 시대를 헬레니

즘(Hellenism) 시대라고 하는데요, 이때 과학과 수학이 눈부시게 발전하면서 아르키메데스 같은 위대한 학자가 나올 수 있었던 거랍니다.

헬레니즘은 서양의 그리스 문명과 동양의 전통 문명이 결합된 것을 말하는데요, 헬레니즘이라는 말은 그리스인을 뜻하는 그리스어 헬렌(Helen)에서 유래되었어요. 헬레니즘 시대에는 동양과 서양의 교역이 매우 활발해지면서 예술, 사상, 역사 등의 분야 뿐 아니라, <u>cultural</u> 변화도 생겼답니다.

SEE THE NEXT PAGE! ≫

1　이 글의 내용과 일치하면 T, 그렇지 않으면 F를 쓰세요.

(1) 아르키메데스는 헬레니즘 시대의 학자이다.　　　　—————

(2) 헬레니즘은 그리스인을 뜻하는 그리스어에서 유래되었다.　　—————

(3) 헬레니즘 시대에는 수학과 과학이 발달하지 못했다.　　　—————

2　밑줄 친 <u>cultural</u>에 해당하는 우리말을 쓰세요.

_____

교과서 지식 Bank

중학 역사1 - 헬레니즘 문화

헬레니즘 문화의 특징으로는 동서양 문화의 결합을 들 수 있는데요. 이란의 유적지에서 발견된 고대 이집트의 이시스 여신상은 고대 그리스의 여성복을 입고, 머리에는 고대 이집트의 신 하토르의 관을 쓰고 있답니다. 이집트의 여신상이 그리스풍의 의상을 입고 있는 것이지요.

The word "hellenism" means "the cultural characteristics of Greece." The base of Hellenism is mainly ancient Greek culture. It lasted from 323 B.C. to 31 B.C. and brought changes to Europe, Africa, and Asia. When Alexander the Great ruled Persia, he tried to mix Greek culture and Asian culture.

5 This went on even after Alexander's death and greatly spread Greek culture. During that time, people learned new subjects, traded, and exchanged their knowledge. Alexandria, a city in Egypt, was the center of Hellenistic culture. Then the culture moved on to India. The most famous form was "Gandhara art." Gandhara art is a Greek style of art. _____, many statues in

10 India look like Greek people. Later on, Gandhara art also affected art in China and Korea, too.

*Alexander the Great 알렉산더 대왕 《마케도니아의 왕(336 323 B.C.)》

**Hellenistic 헬레니즘의

***Gandhara art 간다라 미술

🔍 **독해가 더 쉬워지는 Tip** ••

go on : (어떤 상황이) 계속 되다

How much longer will this rainy weather **go on** for?
(얼마나 더 오래 이렇게 비 오는 날씨가 **계속 될까요**?)

The painter smiled at us and **went on** with his work.
(그 화가는 우리에게 미소를 짓고 그의 작업을 **계속 했다**.)

1 이 글의 내용과 일치하도록 다음 각 빈칸에 알맞은 말을 고르세요.

(1) 헬레니즘의 기반은 대부분 _____이다.

(2) 알렉산더 대왕이 죽은 후에 그리스 문화는 _____.

(3) 헬레니즘 문화의 중심은 _____였다.

(4) 인도에 있는 조각상들은 _____처럼 생겼다.

(5) 이 글의 주제는 _____이다.

(1)	① 아시아 문화	② 고대 그리스 문화	③ 이집트 문화
(2)	① 널리 퍼졌다	② 페르시아에만 머물렀다	③ 점차 사라졌다
(3)	① 페르시아	② 알렉산드리아	③ 인도
(4)	① 인도 사람들	② 중국 사람들	③ 그리스 사람들

(5) ① 여러 나라에 영향을 준 헬레니즘

② 알렉산더 대왕이 헬레니즘을 시작한 이유

③ 헬레니즘 시대의 유명한 미술가

2 이 글의 내용과 일치하도록 아래 빈칸에 알맞은 말을 쓰세요.

유럽, 아프리카, 아시아에 변화를 가져온 헬레니즘은 고대 그리스 문화로, 이집트에 있는 _____에서부터 _____(으)로 넘어갔다.

3 다음 중 글의 빈칸에 들어갈 말로 가장 알맞은 것을 고르세요.

① But   ② Then   ③ So   ④ And

4 다음 빈칸 (A)와 (B)에 공통으로 들어갈 단어를 본문에서 찾아 쓰세요.

(1) ___(A)___ red and blue. You will get purple.

(2) Water can ___(B)___ with things such as juice, but not oil.

_____

mean ~을 의미하다 / **base** 기반, 토대 / **ancient** 고대의 / **Greek** 그리스의 / **rule** 지배하다, 통치하다 / **go on** (어떤 상황이) 계속되다 / **spread** 퍼지다, 퍼뜨리다 / **subject** 과목 / **trade** 무역하다 / **knowledge** 지식 / **center** 중심 / **style** 방식, 양식 / **statue** 조각상

MEMO

MEMO

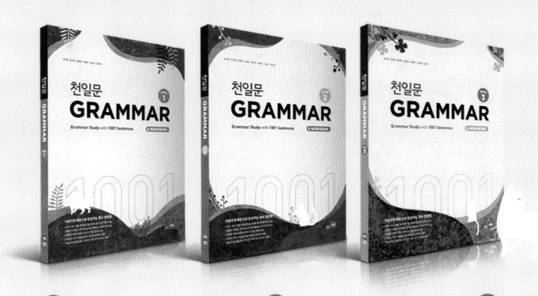

1 구문

판매 1위 '천일문' 콘텐츠를 활용하여 정확하고 다양한 구문 학습

끊어읽기　　해석하기　　문장 구조 분석　　해설·해석 제공　　단어 스크램블링　　영작하기

2 문법·서술형

쎄듀의 모든 문법 문항을 활용하여 내신까지 해결하는 정교한 문법 유형 제공

객관식과 주관식의 결합　　문법 포인트별 학습　　보기를 활용한 집합 문항　　내신대비 서술형　　어법+서술형 문제

3 어휘

초·중·고·공무원까지 방대한 어휘량을 제공하며 오프라인 TEST 인쇄도 가능

영단어 카드 학습　　단어 ↔ 뜻 유형　　예문 활용 유형　　단어 매칭 게임

4 선생님 보유 문항 이용

Online Test　　OMR Test

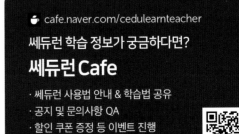

☕ cafe.naver.com/cedulearnteacher

쎄듀런 학습 정보가 궁금하다면?

쎄듀런 Cafe

· 쎄듀런 사용법 안내 & 학습법 공유
· 공지 및 문의사항 QA
· 할인 쿠폰 증정 등 이벤트 진행

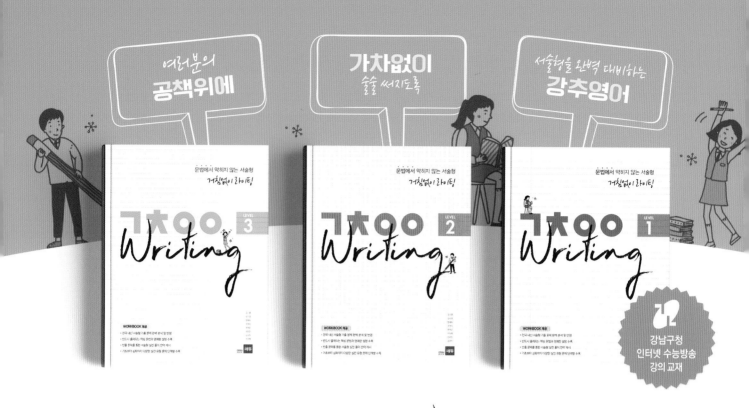

교과서 지식으로 영문 독해를 자신 있게!

리딩 릴레이

READING RELAY

STARTER

정답 및 해설

쎄듀

교과서 지식으로 영문 독해를 자신 있게!

리딩 릴레이

READING RELAY

정답 및 해설

STARTER

01 [과학 | 원소의 분포와 종류] 결혼반지 = 다이아몬드 반지 본문 p.12~15

교육부 지정 중학 필수 어휘
1 wedding 2 would 3 royals 4 field 5 successful 6 thoughts

START READING!
1 결혼(식) 2 (1) T (2) F (3) F

KEEP READING!
1 (1) ② (2) ③ (3) ① (4) ① (5) ② 2 ③ 3 fields 4 only royals and nobles had diamonds

---

KEEP READING! 해설

1 (5) 옛날에는 왕족들만 가질 수 있었던 보석인 다이아몬드가 오늘날 어떻게 사람들의 결혼반지에 자주 사용되는 보석이 되었는지 설명하는 내용이므로 정답은 ②이다.

2 보석 회사 드비어스가 더 많은 다이아몬드를 팔기 위해 아이디어를 내어 '다이아몬드는 영원하다'라는 광고를 만들었다는 내용은 있지만 그 광고를 누가 만들었는지에 대한 언급은 없었으므로 정답은 ③이다.

3 (1) 그 석탄 (A) 산지는 위험하기 때문에 폐쇄되었다.
(2) (B) 밭의 감자들은 잘 자라고 있다.
첫 번째 문장의 (A)는 '산지, 매장지대'라는 말이 들어가고, 두 번째 문장의 (B)는 '밭, 논밭'이라는 말이 들어가야 적절하므로 정답은 fields(밭, 논밭; (광물의) 산지, 매장 지대)이다.

4 빈칸 앞부분에서 왕족만이 다이아몬드를 가질 수 있었다고 했고, 빈칸이 포함된 문장에서 '다이아몬드가 매우 비쌌다(they were very expensive)'고 했으므로 빈칸에는 한정된 일부 사람들만이 다이아몬드를 가졌다는 내용이 들어가는 것이 적절하다. 따라서 '왕족과 귀족들만이 다이아몬드를 가졌다'라는 뜻의 only royals and nobles had diamonds가 정답이다.

끊어서 읽기

오래 전에 / 사람들은 믿었다 // 다이아몬드가 행운을 가져올 거라고
¹ A long time ago, / people believed // that diamonds would bring
(~인 것을)

/ 그리고 그것을 자신을 보호하기 위해 간직했다.
good luck, / and kept them to protect themselves. ² But after a
to+동사원형 (~하기 위해)

그러나 한 헝가리 여왕이 다이아몬드를 그녀의 왕관에 올려놓은 뒤로 // 왕족만이 다이아몬드를
Hungarian queen placed one in her crown, // only royals could

가질 수 있었다. 후에, 1477년에 / 오스트리아의 막시밀리안 왕자가 /
have diamonds. ³ Later, in 1477, / prince Maximilian of Austria /

다이아몬드 반지를 메리에게 주었다 // 그가 그녀에게 결혼해달라고 청했을 때.
gave a diamond ring to Mary // when he asked her to marry him.

그것이 최초의 다이아몬드 반지였다! 하지만 왕족과 귀족들만 다이아몬드를 가졌다
⁴ That was the very first diamond ring! ⁵ However, only royals and

// 그것이 매우 비쌌기 때문에.
nobles had diamonds // because they were very expensive.

1870년대에 / 사람들이 남아프리카에서 다이아몬드 산지를 발견하자
⁶ In the 1870s, / as people discovered diamond fields in South

Africa, // more people started to buy diamonds. ⁷ In 1947, / the
더 많은 사람들이 다이아몬드를 사기 시작했다. 1947년에 /
to+동사원형 (~하는 것을)

어휘 확인하기

diamond 다이아몬드
would 《미래시제 will(~할 것이다, ~일 것이다)의 과거형》
protect 보호하다, 지키다
Hungarian 헝가리의
place 놓다, 두다
crown 왕관
royal 왕의, 왕실의; 왕족(의 일원)
noble 귀족
expensive 값비싼
discover 발견하다
field 들판, 벌판; 밭, 논밭; (광물의) 산지, 매장 지대
jewel 보석
even 훨씬
create 만들어내다
successful 성공한

보석 회사인 드비어스가 한 가지 아이디어를 냈다 / 훨씬 더 많은 다이아몬드를 팔기 위해.

jewel company De Beers had an idea / to sell even more diamonds.

to+동사원형 〈~하기 위해〉

드비어스는 광고를 만들었다 // "다이아몬드는 영원하다"라는

8 De Beers created the advertisement, // "A Diamond Is Forever."

그것은 매우 성공적이었다 / 그리고 많은 사람들의 생각을 바꿨다 /

9 It was very successful / and changed many people's thoughts /

다이아몬드와 결혼반지에 대한. 그 후 / 사람들은 믿기 시작했다

on diamonds and wedding rings. 10 After that, / people started to

// 그들이 다이아몬드 반지를 사용해야 한다고 / 그들의 결혼반지로.

believe // that they should use diamond rings / for their wedding rings.

thought 생각했다 《think의
과거형》; (특정한) 생각
wedding 결혼(식)

[선택지 어휘]
coal 석탄

해석 한눈에 보기

¹ 오래 전에 사람들은 다이아몬드가 행운을 가져온다고 믿었고, 그들 자신을 보호하기 위해 그것들을 간직했다. ² 그러나 한 헝가리 여왕이 다이아몬드를 자신의 왕관에 올려놓은 후에 왕족만이 다이아몬드를 가질 수 있었다. ³ 그 후 1477년에 오스트리아의 막시밀리안 왕자가 메리에게 결혼해 달라고 청할 때 다이아몬드 반지를 메리에게 주었다. ⁴ 그것이 최초의 다이아몬드 반지였다! ⁵ 그런데 그것은 매우 비쌌기 때문에 왕족과 귀족만이 다이아몬드를 가질 수 있었다.

⁶ 1870년대에 사람들이 남아프리카에서 다이아몬드 산지를 발견했을 때, 더 많은 사람들이 다이아몬드를 사기 시작했다. ⁷ 1947년에 보석 회사인 드비어스는 훨씬 더 많은 다이아몬드를 팔기 위해 아이디어를 냈다. ⁸ 드비어스는 "다이아몬드는 영원하다"라는 광고를 만들었다. ⁹ 그것은 매우 성공적이었고 많은 사람들의 다이아몬드와 결혼반지에 대한 생각을 바꿨다. ¹⁰ 그 후 사람들은 결혼반지로 다이아몬드 반지를 사용해야 한다고 생각하기 시작했다.

필수 구문 확인하기

¹ A long time ago, people **believed** that diamonds would bring good luck, *and* **kept** them to protect themselves.

▶ that ~ good luck은 believed의 목적어이다.

▶ 문장의 동사인 believed와 kept는 and로 연결되어 있다.

⁷ In 1947, the jewel company De Beers had an idea to sell **even more** diamonds.

▶ even은 비교급을 강조하는 부사로 '훨씬'의 의미이다. much, a lot, still, far 등으로 바꿔 쓸 수 있다.

---

02 [역사 | 이슬람의 사회와 문화] 아라비안나이트

본문 p.16~19

교육부 지정 중학 필수 어휘
1 wise 2 right 3 let 4 evil 5 Each

START READING!

1 ③ 2 tell stories to live

KEEP READING!

1 (1) ① (2) ③ (3) ③ (4) ② 2 ④ 3 ④ 4 story

KEEP READING! 해설

1 (4) 페르시아 왕 샤리아르는 여자가 모두 사악하다고 생각해서 여자와 결혼 후 다음 날 죽이기 시작했다. 셰에라자드는 왕의 살인을 멈추게 하려고 1,001일 동안 왕에게 이야기를 들려주어 결국엔 왕과 결혼했다는 내용이다. 1,001일 동안 이야기를 들려줌으로써 목숨을 구한 내용이므로 정답은 ②이다.

2 1,001일 밤이 지난 후에, 샤리아르는 결국 자신이 여자에 대해 틀렸다는 것을 깨닫고 셰에라자드와 결혼했다(In the end, ~ Scheherazade.)고 했으므로 정답은 ④이다.

3 세에라자드가 샤리아르와 결혼했다는 내용은 있지만 그때 세에라자드의 나이에 관한 언급은 없으므로 정답은 ④이다.

4 밤마다 세에라자드가 이야기 하나를 끝내고 곧바로 새로운 이야기를 시작했다고 했으므로 같은 문장 안에 있는 story가 정답이다.

끊어서 읽기

<table>
<tr><td colspan="2">

어느 날, 페르시아 왕 샤리아르는 알게 됐다 // 그의 아내가 노예 중 한 명을 사랑한다는 것을.

¹ One day, the Persian king, Shahryar, learned // that his wife loved
(~인 것을)

그는 화가 났다 / 그리고 둘 다 죽였다. 그 후

one of his slaves. ² He was angry / and killed both of them. ³ After

그 후 / 그는 생각했다 // 모든 여자는 사악하다고. 그래서 그는

that, / he thought // that all women were evil. ⁴ So, he began to marry
(~인 것을) to+동사원형 (~하는 것을)

매일 밤 새로운 여자와 결혼하기 시작했다 / 그리고 그녀를 다음 날 죽이기 (시작했다).

a new woman each night / and kill her the next day.

많은 사람들이 두려워했다 / 그리고 왕국을 떠났다. 남은 여자가 거의 없었다.

⁵ Many people were afraid / and left the kingdom. ⁶ There were few

어느 날, / 한 고관의 딸인 세에라자드가 요청했다 /

women left. ⁷ One day, / a vizier's daughter, Scheherazade, asked /

왕을 보게 해달라고. 그녀는 원했다 / 살인을 끝내기를.

to see the king. ⁸ She wanted / to put an end to the killing.
to+동사원형 (~하는 것을) to+동사원형 (~하는 것을)

세에라자드는 현명했다 / 그리고 훌륭한 이야기꾼이었다. 그래서 그녀는 왕에게

⁹ Scheherazade was wise / and a great storyteller. ¹⁰ So, she told the

이야기 하나를 해주었다 // 그러나 그녀는 그것을 끝내지 않았다. 왕은 결말이 궁금했다

king a story, // but she didn't end it. ¹¹ The king was curious about

// 그래서 그는 그녀를 하루 더 살게 했다. 매일 밤 /

the end, // so he let her live another day. ¹² Night after night, /

세에라자드는 하나의 이야기를 끝냈다 / 그리고 곧바로 새로운 이야기를 시작했다.

Scheherazade finished one story / and started a new one right after.

이것은 1,001일 밤 동안 계속되었다. 결국 / 왕은 깨달았다 //

¹³ This went on for 1,001 nights. ¹⁴ In the end, / the king realized //

그가 여자에 대해 틀렸다는 것을 / 그리고 세에라자드와 결혼했다.

that he was wrong about women / and married Scheherazade.
(~인 것을)

</td>
<td>

어휘 확인하기

Persian 페르시아의

slave 노예

evil 나쁜, 사악한

each 각자의, 각각의; 각자, 각각; 각자에게

leave 떠나다, 출발하다

kingdom 왕국

few 거의 없는, 조금밖에 없는

put an end to A A를 끝내다, 그만두게 하다

wise 현명한, 지혜로운

storyteller 이야기꾼

curious 궁금한

let (~하게) 놓아두다, 허락하다

night after night 매일 밤, 밤마다

right 바른, 옳은(↔ wrong 틀린, 잘못된); 오른쪽의, 우측의; 곧바로

go on (어떤 상황이) 계속되다

in the end 결국

realize 깨닫다

</td></tr>
</table>

해석 한눈에 보기

¹ 어느 날 페르시아 왕인 샤리아르는 아내가 자신의 노예 중 한 명을 사랑한다는 것을 알게 됐다. ² 그는 화가 나서 둘 다 죽여 버렸다. ³ 그 후 그는 모든 여자는 사악하다고 생각했다. ⁴ 그래서 그는 매일 밤 새로운 여자와 결혼하고 다음 날 그녀를 죽이기 시작했다.

⁵ 많은 사람들이 두려워했고 왕국을 떠났다. ⁶ 남은 여자가 거의 없었다. ⁷ 어느 날, 한 고관의 딸인 세에라자드가 왕을 보게 해달라고 요청했다. ⁸ 그녀는 살인을 끝내고 싶었다.

⁹ 세에라자드는 현명했고 훌륭한 이야기꾼이었다. ¹⁰ 그래서 그녀는 왕에게 이야기 하나를 해 주었지만 그것을 끝내지 않았다. ¹¹ 왕은 결말이 궁금해서 그녀를 하루 더 살게 했다. ¹² 매일 밤, 세에라자드는 하나의 이야기를 끝냈고 곧바로 새로운 이야기를 시작했다. ¹³ 이것은 1,001일 밤 동안 계속되었다. ¹⁴ 결국 왕은 그가 여자에 대해 잘못 생각했다는 것을 깨닫고 세에라자드와 결혼했다.

필수 구문 확인하기

¹ One day, the Persian king, Shahryar, learned **that** his wife loved one of his slaves.

▶ that 이하의 명사절은 learned의 목적어이다.

⁴ So, he began <u>to marry</u> a new woman each night **and** (to) <u>kill</u> her the next day.

▶ 「begin+to+동사원형」은 '~하기 시작하다'를 의미한다. 두 개의 to부정사구(to marry ~, to kill ~)가 and로 대등하게 연결되어 있다. kill 앞에 to가 생략되어 있다.

¹¹ The king was curious about the end, so he **let** her **live** another day.

                                                  V   O   C

▶ 「let+목적어+동사원형」은 '~가 …하게 하다'의 의미이다.

03 [사회 | 극한 지역에서의 생활] 인공 오아시스 와카치나

본문 p.20~23

교육부 지정 중학 필수 어휘
1 reduce **2** digging **3** desert **4** vacation **5** reach **6** well

START READING!

1 (1) F (2) T (3) F **2** they can enjoy different activities

KEEP READING!

1 (1) ① (2) ② (3) ② (4) ③ **2** ③ **3** ③ **4** vacation

KEEP READING! 해설

1 (4) 페루의 한 작은 마을인 와카치나 근처에 있는 오아시스를 소개하는 내용이다. 관광객들이 많이 찾는 인기 있는 곳이지만, 오아시스의 수위가 더운 날씨와 주변 마을 사람들로 인해 점차 낮아지고 있다는 내용이므로 정답은 ③이다.

2 사막의 덥고 건조한 날씨 말고도, 그곳에 사는 사람들이 지하수에 닿기 위해 많은 우물을 팠다(In addition, ~ groundwater.)고 했으므로 이 글의 내용과 일치하는 것은 ③이다.

3 매년 와카치나를 찾는 관광객의 수와 오아시스가 가진 치유하는 힘의 원천, 와카치나에서 우물을 파는 방법은 언급되지 않았다. 덥고 건조한 날씨와 사람들이 파는 우물 때문에 오아시스의 수위가 낮아졌다고 했으므로 정답은 ③이다.

4 '집에서 떠나 즐겁게 지내는 시간'이라는 의미를 가진 vacation((여행 등의)휴식)이 정답이다.

끊어서 읽기

              페루의 와카치나는   작은 마을이다   100명이 안 되는 사람들이 있는.
¹ Huacachina in Peru / is a small town / with less than 100 people.

         많은 관광객들이 그곳을 방문한다   /   근처의 오아시스 때문에.
² Many tourists visit there / because of the nearby oasis. ³ In the

  과거에 /   페루의 사람들은 믿었다   //   그 오아시스는 특별한 힘을 가졌다고
past, / people in Peru believed // that the oasis had a special
                  (~인 것을)

       / 치유하는.   그래서 부자들만   /   그 마을을 휴가로 방문했다.
power / to heal. ⁴ So, only the rich / visited the town for vacation.
    to+동사원형 (~하는)

    그러나 지금   /   그 장소는 사람들 사이에서 인기가 있다   /   전 세계의.
⁵ But now, / the place is popular among people / from all over the

world.

    그런데   /   페루의 한 신문은 말한다   //   오아시스가 전과 같지 않다고.
⁶ However, / a newspaper in Peru says // that the oasis is not the
                    (~인 것을)

          오아시스는 천천히 말라가고 있다   /
same as before. ⁷ The oasis is slowly drying up / because of the

어휘 확인하기

tourist 관광객

nearby 근처의, 가까운

oasis 오아시스 《사막의 물과 나무가 있는 곳》

past 과거

special 특별한

heal 치유하다, 낫게 하다

the rich 부자들

vacation (여행 등의) 휴가

popular 인기 있는

among ~의 사이에

dry up 바싹 마르다

desert 사막

in addition 게다가, 또한

dig (땅·밭을) 파다, 파헤치다

well 잘, 좋게; 글쎄; 우물

hot, dry weather of the desert. ⁸ In addition, / people in the area

덥고 건조한 사막의 날씨 때문에. *게다가 / 그 지역의 사람들은*

dug many wells / to reach groundwater. ⁹ This also reduced the

많은 우물을 팠다 / 지하수에 닿기 위해. *이것은 또한 물의 높이를 낮추었다*

to+동사원형 (~하기 위해)

water level / in the oasis. ¹⁰ So, the government started pumping

물의 높이를 / 오아시스의. *그래서 정부는 물을 쏟아 붓기 시작했다*

-ing (~하는 것을)

water / into the oasis! ¹¹But this is very hard // because there are

/ 오아시스에! *그러나 이것은 매우 어렵다 //*

not enough water sources in the desert.

사막에는 충분한 물의 원천이 없기 때문에.

---

reach ~에 닿다, 도착하다; (어떤 것을 잡기 위해) 손이나 팔을 뻗다
reduce (양·액수·정도 등을) 줄이다, 감소시키다
level 높이
government 정부
pump A into B A를 B에 쏟아 붓다
enough 충분한
source 원천

해석 한눈에 보기

¹ 페루의 와카치나는 100명이 안 되는 사람들이 있는 작은 마을이다. ² 많은 관광객들이 근처의 오아시스 때문에 그곳을 방문한다. ³ 과거에 페루의 사람들은 오아시스가 치유하는 특별한 힘을 가졌다고 믿었다. ⁴ 그래서 부유한 사람들만 휴가를 위해 그 마을을 방문했다. ⁵ 그러나 지금 그 장소는 전 세계의 사람들에게 인기 있다.
⁶ 그런데 페루의 한 신문은 오아시스가 전과 같지 않다고 말한다. ⁷ 오아시스는 덥고 건조한 사막의 날씨 때문에 서서히 말라가고 있다. ⁸ 게다가 그 지역의 사람들은 지하수에 닿기 위해 많은 우물을 팠다. ⁹ 이것이 또한 오아시스의 수위를 낮췄다. ¹⁰ 그래서 정부는 물을 오아시스에 쏟아 붓기 시작했다! ¹¹ 그러나 사막에는 충분한 수자원이 없기 때문에 이것은 매우 어렵다.

필수 구문 확인하기

³ In the past, people in Peru believed **that** the oasis had *a special power* [**to heal**].

▶ that은 명사절을 이끄는 접속사이며 that이하는 believed의 목적어이다.

▶ to heal은 '치유하는'이라는 뜻으로 앞의 a special power를 꾸며준다.

⁴ So, only **the rich** visited the town for vacation.

▶ the rich는 '부자들'을 의미한다.

---

04 [수학 | 수와 연산] 호루스의 눈

본문 p.24~27

교육부 지정 중학 필수 어휘
1 Wisdom 2 threw 3 respect 4 lost 5 weak

START READING!
1 지혜 2 when you read the story about

KEEP READING!
1 (1) ③ (2) ② (3) ② (4) ① (5) ③ 2 ③ 3 ① 4 weak

KEEP READING! 해설

1 (5) 아버지인 오시리스가 죽은 뒤에 호루스는 세트로부터 숨어 지내다가 세트에게 복수하기로 결심한다. 세트와의 전투에서 승리하지만, 그의 왼쪽 눈을 잃게 되었고 후에 지혜의 신의 도움으로 마지막 눈의 조각을 찾았다는 내용이다. 따라서 정답은 ③이다.

2 호루스는 결국 전투에서 이겼지만, 그의 왼쪽 눈을 잃었다(In the end, Horus ~ his left eye.)고 했으므로 정답은 ③이다.

3 왕이 되고 싶어서 오시리스를 죽인 것은 세트이므로 @는 세트(Set)를 가리킨다. 나머지는 모두 호루스를 지칭하므로 정답은 ①이다.

4 '기운이나 힘이 많지 않은'이라는 의미이므로 weak(약한, 힘이 없는)이 정답이다.

지하 세계의 신 오시리스는 / 이집트의 왕이었다.
¹ The god of the underworld, Osiris, / was an Egyptian king. ² Many

많은 사람들이 그를 존경했다. 그런데 그의 동생인 세트는 / 왕을 매우 질투했다.
people respected him. ³ However, his brother, Set, / was very jealous

그는 원했다 / 자신이 왕이 되기를. 그래서 그는
of the king. ⁴ He wanted / to become the king himself. ⁵ So, he

to+동사원형 〈~하는 것을〉
오시리스를 죽였다 / 그리고 그의 시신을 나일 강에 던졌다. 나중에 /
killed Osiris / and threw his body into the Nile River. ⁶ Later, / Osiris'

오시리스의 부인인 이시스는 시신을 찾았다. 그녀는 또한 아들인 호루스를 낳았다.
wife, Isis, found the body. ⁷ She also had a son, Horus.

호루스가 태어났을 때 // 그는 매우 약했다. 그래서 그의 어머니는
⁸ When Horus was born, // he was very weak. ⁹ So, his mother had

그를 숨겨야 했다 / 세트에게서. 그녀의 돌봄 하에 / 그는 강해졌다.
to hide him / from Set. ¹⁰ Under her care, / he became strong.

그가 아버지의 죽음에 대해 알게 됐을 때 // 그는 세트와 싸우기로 결심했다
¹¹ When he learned about his father's death, // he decided to fight

/ 왕이 되기 위해. 결국 / 호루스는 세트와의 싸움에서 이겼다
Set / to become the king. ¹² In the end, / Horus won the battle

to+동사원형 〈~하기 위해〉
// 그러나 그는 왼쪽 눈을 잃었다. 세트는 그 눈을 6조각으로 나눴다
with Set, // but he lost his left eye. ¹³ Set divided the eye into 6

/ 그리고 그것을 여기저기에 숨겼다. 이집트의 다른 신들이 눈의 대부분을 찾았다
pieces / and hid them here and there. ¹⁴ Other gods in Egypt found

// 그러나 마지막 조각은 여전히 없었다. 결국 /
most of the eye, // but the last piece was still missing. ¹⁵ In the end, /

지혜의 신인 토트가 도와줬다 / 그리고 그에게 눈의 마지막 조각을 주었다.
the god of wisdom, Thoth, helped / and gave him the last piece of the eye.

underworld 지하 세계의
Egyptian 이집트의
respect 존경, 경의; 존경하다
jealous of ~을 질투하는, ~을 시기하는
throw 던지다
Nile River 나일 강
have a son 아들을 낳다
weak 약한, 힘이 없는
hide 숨기다
care 돌봄, 보살핌
in the end 결국
lose ~을 잃다, 분실하다; (경기 등에서) 지다
divide A into B A를 B로 나누다
piece 조각
here and there 여기저기에
still 여전히, 아직
missing 없어진, (원래 있던 것이) 빠진
wisdom 지혜

해석 한눈에 보기

¹ 지하 세계의 신 오시리스는 이집트의 왕이었다. ² 많은 사람들이 그를 존경했다. ³ 그런데 그의 동생인 세트는 왕을 매우 질투했다. ⁴ 그는 자신이 왕이 되기를 원했다. ⁵ 그래서 그는 오시리스를 죽였고 그의 시신을 나일 강에 던져버렸다. ⁶ 나중에 오시리스의 부인인 이시스가 시신을 찾았다. ⁷ 그녀는 또한 아들인 호루스를 낳았다.

⁸ 호루스가 태어났을 때, 그는 매우 약했다. ⁹ 그래서 그의 어머니는 그를 세트에게서 숨겨야 했다. ¹⁰ 그녀의 보살핌으로 그는 강해졌다. ¹¹ 그가 아버지의 죽음에 대해 알게 됐을 때, 그는 왕이 되기 위해 세트와 싸우기로 결심했다. ¹² 결국 호루스는 세트와의 싸움에서 이겼지만, 그는 왼쪽 눈을 잃었다. ¹³ 세트는 그 눈을 6조각으로 나누어 여기저기에 숨겼다. ¹⁴ 이집트의 다른 신들이 눈의 대부분을 찾았지만, 마지막 조각은 여전히 없었다. ¹⁵ 결국 지혜의 신 토트가 도와주었고 그에게 눈의 마지막 조각을 주었다.

필수 구문 확인하기

⁴ He wanted to become the king **himself**.

▸ himself는 '그 자신'이라는 뜻으로 주어인 he를 강조하기 위해 사용되었다.

Chapter **02**

본문 p.30~33

01 [수학 | 다항식의 인수분해] 가우스의 자연수 계산법

교육부 지정 중학 필수 어휘

1 pair **2** correct **3** few **4** shouted **5** other **6** surprised

START READING!

1 ③ **2** Gauss solve the problem

KEEP READING!

1 (1) ② (2) ① (3) ① (4) ③ **2** ② **3** ② **4** correct

KEEP READING! 해설

1 (4) 가우스가 어렸을 때 학교에서 있었던 일에 관한 내용이다. 선생님이 내준 어려운 수학 문제의 정답을 다른 학생들보다 빠르게 알아냈다는 내용이므로 정답은 ③이다.

2 칠판에 문제를 적은 다음 학생들로부터 답이 나오기를 기다린 것은 선생님이므로 ⓑ는 선생님(the teacher)을 가리키며 나머지는 모두 가우스를 지칭한다. 따라서 정답은 ②이다.

3 가우스가 문제를 보고 정답을 외쳤다는 언급은 있지만, 다른 학생들이 말한 문제의 답에 대한 언급은 없으므로 정답은 ②이다.

4 (1) 네 답 중 몇 개는 틀렸어. 넌 그걸 (A) 고쳐야 해.
(2) 듣고, (B) 옳은 단어에 동그라미하시오.
첫 번째 문장의 (A)는 '고치다'라는 말이 들어가고, 두 번째 문장의 (B)는 '옳은'이라는 말이 들어가야 적절하므로, 정답은 correct(옳은, 정확한; (잘못을) 고치다, 바로잡다)이다.

끊어서 읽기

가우스가 초등학생이었을 때 // 그의 선생님은 원했다 /
1 When Gauss was in elementary school, // his teacher wanted /

학생들이 계속 바쁘기를. 그래서 그는 그들에게 시켰다 / 모든 숫자를 더할 것을
to keep the students busy. **2** So, he made them / add up all the
to+동사원형 〈~하는 것을〉

/ 1에서 100까지. 그는 칠판에 썼다 /
numbers / from 1 to 100. **3** He wrote on the board /

'1+2+3+…+98+99+100' / 그리고 답을 기다렸다 / 학생들로부터.
"1+2+3+…+98+99+100" / and waited for the answer / from the

몇 초 후에 / 어린 가우스는 그에게 정확한 답을 주었다.
students. **4** A few seconds later, / young Gauss gave him the correct

그는 소리쳤다 // "그것은 5,050이에요!" 그는 매우 빨라서 // 선생님과
answer. **5** He shouted, // "It's 5,050!" **6** He was so fast // that the
(매우 ~해서 …하다)

다른 학생들이 놀랐다. 선생님은 그에게 물었다
teacher and the other students were surprised. **7** The teacher asked

// "너는 그것을 어떻게 했니 / 그렇게 빨리?" "그건 쉽죠." // 그가 대답했다.
him, // "How did you do it / so fast?" // "It's easy," // he answered.

이것이 그가 문제를 푼 방법이다.
8 Here's how he solved the problem.

어휘 확인하기

add up 더하다, 합산하다

few 거의 없는, 조금밖에 없는

a few 다소의, 조금은 있는

second (시간 단위인) 초

correct 옳은, 정확한; (잘못을) 고치다, 바로잡다

shout 외치다, 큰 소리로 부르다

other 다른, 그 밖의; 그 밖의 것; 그 밖의 사람들

surprised 놀란

solve 풀다, 해결하다

according to ~에 의하면

pair (두 개로 된) 한 쌍

in total 전체로서, 통틀어

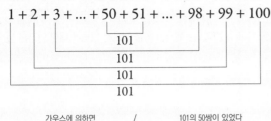

$$1 + 2 + 3 + ... + 50 + 51 + ... + 98 + 99 + 100$$

가우스에 의하면 / 101의 50쌍이 있었다 / 통틀어.
⁹ According to Gauss, / there were 50 pairs of 101 / in total. ¹⁰ So

그래서 그는 알았다 // 정답은 50 곱하기 101인 5,050이라는 것을.
he knew // ₜₕₐₜ the answer was 50 × 101 = 5,050.

해석 한눈에 보기

¹ 가우스가 초등학생이었을 때, 그의 선생님은 학생들을 계속 바쁘게 하고 싶었다. ² 그래서 그는 그들에게 1에서 100까지의 모든 숫자를 더하라고 시켰다. ³ 그는 칠판에 '1+2+3+…+98+99+100'을 썼고 학생들로부터 답을 기다렸다. ⁴ 몇 초 후, 어린 가우스가 선생님께 정답을 드렸다. ⁵ 그는 "그것은 5,050이에요!"라고 외쳤다. ⁶ 그는 매우 빨라서 선생님과 다른 학생들은 놀랐다. ⁷ 선생님은 그에게 "어떻게 그렇게 빨리 그것을 했니?"라고 물었고, "그건 쉽죠."라고 그가 대답했다. ⁸ 이것이 그가 문제를 푼 방법이다.
⁹ 가우스에 의하면 통틀어 101이 50쌍 있었다. ¹⁰ 그래서 그는 정답은 50 곱하기 101인 5,050인 것을 알았다.

필수 구문 확인하기

¹ When Gauss was in elementary school, his teacher wanted **to keep** the students busy.
　　　　　　　　　　　　　　　　　　　　　　　　　　　　V′　　O′　　C′

▶ to keep은 동사 wanted의 목적어이다. 「keep+목적어+형용사」는 '~을 …하게 유지하다'의 의미이다.

² So, he **made** them **add** up all the numbers from 1 to 100.
　　　　V　　O　　　　C

▶ 여기서 make는 '~이 …하게 하다'라는 뜻으로 「make+목적어+동사원형」의 구조이다.

⁸ Here's **how** he solved the problem.

▶ how는 '방법'을 나타내는 관계부사로 앞에 선행사(the way)를 쓰지 않는다. '~하는 방법'이라고 해석한다.

¹⁰ So he knew (that) the answer was 50 × 101 = 5,050.

▶ 동사 knew의 목적어 역할을 하는 명사절 앞에 접속사 that이 생략되었다.

---

02 [역사 | 고려의 성립과 변천] '코리아'의 유래

본문 p.34~37

교육부 지정 중학 필수 어휘
1 popular **2** expensive **3** Among **4** products **5** foreign

START READING!
1 외국의 **2** (1) T (2) F (3) T

KEEP READING!
1 (1) ② (2) ③ (3) ③ (4) ② (5) ① **2** ② **3** Arabian sellers **4** ③

KEEP READING! 해설

1 (5) 고려 왕조 때 다른 나라에서 온 판매자들과 물건을 사고팔기 시작했고 좋은 품질 덕분에 외부 세계에서 유명해졌다는 내용이므로 정답은 ①이다.

2 벽란도를 통해 다른 나라 상인들이 고려에 왔고, 그중 중국의 송나라에서 많은 사람들이 왔다(Many ~ Song, China.)고 했으므로 정답은 ②이다.

3 밑줄 친 <u>them</u>이 포함된 문장 앞에 아라비아 상인들도 있었고, 그들이 고려 사람들에게 향신료와 다른 비싼 물건들을 팔았다는 내용이 나오고, 바로 이어서 고려 사람들이 그들에게 고려청자나 인삼 등을 팔았다고 했으므로 정답은 Arabian sellers(아라비아 상인)이다.

4 다른 나라에서 온 상인들이 판 물건 중에 향신료와, 약을 만들 때 쓰는 식물 등이 있었다고는 했지만 약을 만드는 방법에 대한 언급은 없었으므로 정답은 ③이다.

끊어서 읽기

고려 왕조는 열려 있었다 / 다른 외국 국가들에게.
¹ The Goryeo dynasty was open / to other foreign countries. ² They

그들은 배우기를 원했다 / 다른 문화에 대해. 그들은 또한 배우기를 원했다
wanted to learn / about other cultures. ³ They also wanted to learn
<small>to+동사원형 (~하는 것을)</small>

/ 다른 나라에서 온 생산품에 대해. 다른 나라에서 온 많은 사람들이
/ about the products from other countries. ⁴ Many people from

고려를 방문했다 / 벽란도를 통해서.
different countries visited Goryeo / through Byeokrando.

벽란도는 관문이었다 / 수도인 개성으로 가는.
⁵ Byeokrando was a gateway / to the capital city, Gaeseong. ⁶ They

그들은 ~에게 물건을 팔았다 / 그리고 ~로부터 물건을 샀다 / 고려의 판매자들.
sold things to / and bought things from / sellers in Goryeo. ⁷ Many

많은 사람들이 중국의 송나라에서 왔다. 중국의 송나라에서 온 판매자들은 /
people came from Song, China. ⁸ Sellers from Song, China, / sold

비단, 약초, 책, 그리고 악기를 팔았다. 아라비아의 판매자들도 있었다.
silk, herbs, books, and musical instruments. ⁹ There were Arabian

그들은 고려 사람들에게 팔았다 / 향신료, 약을 만드는 데 쓰는 식물,
sellers, too. ¹⁰ They sold the Goryeo people / spices, plants for

/ 그리고 많은 다른 비싼 것들을.
making medicine, / and many different expensive things. ¹¹ Sellers

고려의 판매자들은 그들에게 팔았다 / 금, 은, 고려청자, 인삼, 종이, 그리고 부채를.
from Goryeo sold them / gold, silver, Goryeo celadon, ginseng,

이런 상품들은 판매자들 사이에서 유명했다 /
paper, and fans. ¹² These products were famous among sellers /

그것들의 좋은 품질 때문에. 이것이 ~일 때이다 / '고려'라는 이름이
because of their good quality. ¹³ This is when / the name "Goryeo"

인기 있게 된 / 외부 세계에서 '코리아'라는 이름은 '고려'에서 왔다
became popular / in the outside world. ¹⁴ The name "Korea" came

/ 이 시기 동안에.
from "Goryeo" / during this time.

어휘 확인하기

dynasty 왕조, 왕가
foreign 외국의
culture 문화
product 생산품, 제품
through ~을 통해서
gateway 입구, 관문
capital city 수도
silk 비단, 실크
herb 약초, 식용 식물
musical instrument 악기
Arabian 아라비아의
medicine 약, 내복약
expensive 값비싼, 돈이 많이 드는
ginseng 인삼
fan 부채
among ~의 사이에, ~의 가운데에 《보통 셋 이상의 사물, 사람인 경우》
quality 질, 품질
popular 인기 있는

해석 한눈에 보기

¹ 고려 왕조는 다른 외국 국가들에 열려 있었다. ² 그들은 다른 문화에 대해 배우길 원했다. ³ 그들은 또한 다른 나라의 생산품에 대해 배우길 원했다. ⁴ 다른 나라의 많은 사람들이 벽란도를 통해 고려를 방문했다. ⁵ 벽란도는 수도인 개성으로 가는 관문이었다. ⁶ 그들은 고려의 판매자들에게 물건을 팔고 샀다. ⁷ 많은 사람들이 중국의 송나라에서 왔다. ⁸ 송나라에서 온 판매자들은 비단, 약초, 책, 악기를 팔았다. ⁹ 아라비아의 판매자들도 있었다. ¹⁰ 그들은 고려 사람들에게 향신료, 약을 만드는 데 쓰는 식물과 많은 다른 비싼 것들을 팔았다. ¹¹ 고려의 판매자들은 그들에게 금, 은, 고려청자, 인삼, 종이, 그리고 부채를 팔았다. ¹² 이런 상품들은 그것의 좋은 품질 때문에 판매자들 사이에서 유명했다. ¹³ 이것이 '고려'라는 이름이 외부 세계에서 인기 있게 된 때이다. ¹⁴ '코리아'라는 이름은 이 시기의 '고려'에서 왔다.

¹³**This is when** the name "Goryeo" became popular in the outside world.

▶ 「This is when+주어+동사」는 '이것이 ~한[하는] 때이다'라는 의미이다.

03 [과학 | 광합성] 광합성의 발견

본문 p.38~41

교육부 지정 중학 필수 어휘
1 produce 2 heal 3 Plants 4 hurt 5 simply 6 experiment

START READING!

1 식물 2 did he discover

KEEP READING!

1 (1) ① (2) ③ (3) ③ (4) ② (5) ② 2 ② 3 ② 4 hurt

KEEP READING! 해설

1 (5) 영국의 한 과학자 조지프 프리스틀리가 공기가 무엇으로 만들어졌는지 알아내기 위해 했던 실험에 대한 내용이다. 그는 한 용기 안에 식물, 쥐, 타는 초를 넣어 했던 실험에서 식물이 산소를 만든다는 사실을 발견했다. 따라서 정답은 ②이다.

2 프리스틀리는 먼저 타고 있는 초와 쥐를 한 용기 안에 넣었다(First, he put ~ in one case.)고 했으므로 일치하지 않는 것은 ②이다.

3 빈칸 앞부분에는 프리스틀리가 타고 있는 초, 쥐, 그리고 식물을 한 용기에 넣었다는 내용이 나오고, 빈칸 뒤에서는 처음 실험 결과와 반대되는 결과에 관해 얘기하고 있으므로 빈칸에는 대조를 나타내는 연결사인 ②가 가장 적절하다.
① 또한 ② 그러나 ③ 그래서 ④ 예를 들면

4 ⓐ는 '고통이나 해를 끼치다'라는 뜻이고, ⓑ는 '아픔[통증]을 가지고 있는'이라는 의미이므로 hurt(다치게 하다, 상하게 하다; 다친, 상한)가 정답이다.

끊어서 읽기

조지프 프리스틀리는 영국의 과학자였다. 어느 날 /
¹ Joseph Priestley was a scientist from England. ² One day, / he

그는 한 가지 질문을 했다. "우리는 공기 안에서 산다 // 그런데 공기는 무엇으로 만들어져 있지?"
asked a question. ³ "We live in air, // but what's air made of?"

그래서 그는 실험을 했다. 먼저 / 그는 타고 있는 초와 쥐 한 마리를 넣었다
⁴ So, he did an experiment. ⁵ First, / he put a burning candle and a

/ 한 용기 안에. 머지 않아 / 초가 꺼졌다 // 그리고 쥐는 죽었다.
mouse / in one case. ⁶ Soon after, / the candle blew out // and the

그는 생각했다 // "초와 쥐가 죽었다 //
mouse died. ⁷ He thought, // "the candle and the mouse died //

그들이 공기를 '상하게 했기' 때문에." 다음번에 / 그는 타고 있는 초, 쥐,
because they 'hurt' the air." ⁸ The next time, / he put a burning candle,

그리고 식물을 함께 넣었다 / 한 용기 안에. 이 용기에서 / 그런데 /
a mouse, and a plant together / in a case. ⁹ In this case, / however, /

초는 계속 탔다 // 그리고 쥐는 살아 있었다!
the candle kept burning // and the mouse stayed alive! ¹⁰ Priestley

프리스틀리는 단순히 생각했다 // 식물이 상한 공기를 치유했다고. 그러나 그의
simply thought // that the plant healed the hurt air. ¹¹ But his
(~인 것을)

어휘 확인하기

experiment (과학적인) 실험;
실험하다

candle 초, 양초

case 용기, 상자

soon 곧, 머지않아

blow out (불꽃이 바람 등에)
꺼지다

hurt 다치게 하다, 상하게 하다;
아프다; 다친, 상한

plant 식물; (식물을) 심다

alive 살아 있는

simply 단지, 단순하게

heal 치유하다, 치유되다

produce 생산하다, 만들어 내다

[선택지 어휘]
harm 해, 피해

실험은 실제로 보여주었다 // 식물이 산소를 만든다는 것을. 그리고 이제 /
experiment really showed // that plants make oxygen. ¹² **And now, /**
(~인 것을)

우리는 모두 안다 // 식물은 산소를 만들어 낸다는 것을 / 광합성에 의해.
we all know // that plants produce oxygen / by photosynthesis.
(~인 것을)

해석 한눈에 보기

¹ 조지프 프리스틀리는 영국의 과학자였다. ² 어느 날, 그는 한 가지 질문을 했다. ³ "우리는 공기 안에 사는데, 공기는 무엇으로 만들어져 있지?" ⁴ 그래서 그는 실험 한 가지를 했다. ⁵ 먼저 그는 타고 있는 초와 쥐 한 마리를 한 용기 안에 넣었다. ⁶ 머지않아 초는 꺼졌고 쥐는 죽었다. ⁷ 그는 생각했다. "초와 쥐는 그들이 공기를 '상하게 했기' 때문에 죽었어." ⁸ 다음번에 그는 타고 있는 초, 쥐, 그리고 식물을 함께 용기 안에 넣었다. ⁹ 그런데 이 용기에서는 초는 계속 탔고 쥐는 살아 있었다! ¹⁰ 프리스틀리는 단순히 식물이 상한 공기를 낫게 했다고 생각했다. ¹¹ 그러나 그의 실험은 실제로 식물이 산소를 만든다는 것을 보여 주었다. ¹² 그리고 이제 우리는 모두 식물은 광합성에 의해 산소를 만들어 낸다는 것을 안다.

필수 구문 확인하기

⁹ **In this case, however, the candle kept burning and the mouse stayed alive!**
▶ 「keep+-ing」는 '~을 계속하다, 계속 ~하다'의 의미이다.

¹⁰ **Priestley simply thought that the plant healed the hurt air.**
▶ that은 명사절을 이끄는 접속사이며 that 이하는 thought의 목적어이다.

04 [사회 | 자연으로 떠나는 여행] 그랜드 캐니언

본문 p.42~45

교육부 지정 중학 필수 어휘
1 photographs 2 mistakes 3 scene 4 safety 5 balance 6 rail

START READING!
1 경치, 풍경 2 but accidents happen

KEEP READING!
1 (1) ② (2) ② (3) ③ (4) ① (5) ③ 2 ④ 3 water, food

KEEP READING! 해설

1 (5) 그랜드 캐니언에서 매년 추락사고가 일어나고 많은 동물들이 서식하고 있기 때문에 그들을 주의해야 한다는 내용이다. 그랜드 캐니언에서 조심해야 하는 것들에 대해 설명하고 있으므로 정답은 ③이다.

2 귀여워 보일 수도 있지만 가까이 가면 사람들을 무는 것은 그랜드 캐니언에 있는 바위 다람쥐이므로 ⓓ는 바위 다람쥐(rock squirrels)를 가리키며 나머지는 모두 사람들을 지칭한다. 따라서 정답은 ④이다.

3 밑줄 친 both의 앞에서는 방문객들이 흔히 많이 하는 실수가 충분한 물과 음식을 가져오지 않는 것이라고 했으며, 이어서 긴 거리를 걷기 위해서는 둘 다 필요하다는 내용이 연결된다. 따라서 정답은 water(물)와 food(음식)이다.

끊어서 읽기

사람들은 그랜드 캐니언을 방문한다 / 가장 아름다운 자연 경치를 즐기기 위해서
¹ **People visit the Grand Canyon / to enjoy the most beautiful**
to+동사원형 <~하기 위해>

/ 세계에서. 그러나 당신은 ~라는 것을 아는가 / 많은 사고들이
natural scene / in the world. ² **But did you know / many accidents**
that

어휘 확인하기

scene (연극, 영화의) 장면; 경치, 풍경

happen (일이) 일어나다, 발생하다

happen every year / in the Grand Canyon? ³ Two to three deaths

per year / are from falls over the edge. ⁴ People may lose

their balance / and fall // when they try to walk near the edge, /

get a photograph, / or pick up something from the ground.

⁵ There are no safety rails / in many parts of the Grand Canyon,

// so be careful all the time. ⁶ Heat is another danger.

⁷ The most common mistake of visitors / is not bringing

enough water and food. ⁸ Your body needs both / to walk

long distances / in the sun. ⁹ Watch out for animals, too.

¹⁰ Many animals live in the Grand Canyon. ¹¹ People often get hurt

// when they try to feed them. ¹² The most dangerous animal /

in the park / is the rock squirrel. ¹³ They may look cute,

// but they will bite you // if you come close to them.

해석 한눈에 보기

¹ 사람들은 세계에서 가장 아름다운 자연 경치를 즐기기 위해 그랜드 캐니언을 방문한다. ² 그러나 당신은 그랜드 캐니언에서 매년 많은 사고들이 일어난다는 것을 아는가? ³ 해마다 두세 명의 죽음은 가장자리 위에서의 추락으로 인한 것이다. ⁴ 사람들은 가장자리 가까이 걸어가려고 하거나, 사진을 찍거나 바닥에서 뭔가를 집을 때 균형을 잃고 떨어질 수 있다. ⁵ 그랜드 캐니언의 많은 부분에는 안전 난간이 없으니, 항상 주의하라. ⁶ 열기는 또 다른 위험이다. ⁷ 방문객들의 가장 흔한 실수는 충분한 물과 음식을 가져오지 않는 것이다. ⁸ 당신의 몸은 태양 아래에서 긴 거리를 걸으려면 두 가지 모두 필요하다. ⁹ 동물들도 조심하라. ¹⁰ 그랜드 캐니언에는 많은 동물이 산다. ¹¹ 사람들은 그들에게 먹이를 주려고 할 때 자주 다친다. ¹² 공원에서 가장 위험한 동물은 바위 다람쥐이다. ¹³ 그들은 귀여워 보일 수 있지만, 만약 당신이 그들 가까이 간다면 그들은 당신을 물 것이다.

필수 구문 확인하기

⁴ People may <u>lose</u> their balance **and** (may) <u>fall</u> when they try to walk near the edge, get a photograph, or pick up something from the ground.
  ▶ 동사 lose와 fall이 and에 의해 대등하게 연결되어 있다. 동사 fall 앞에 may가 생략되어 있다.

⁷ The most common mistake of visitors is **not bringing enough water and food**.
  S　　　　　　　　　　　　　　　 V　　 C
  ▶ 동명사구(not bringing ~ food)가 문장의 보어이다.

⁸ Your body needs both **to walk** long distances in the sun.
  ▶ to walk는 '걷기 위해서'라는 뜻으로 '목적'을 나타내는 부사적 용법의 to부정사이다.

Chapter 03

01 [사회 | 자연으로 떠나는 여행] 이구아수 폭포

교육부 지정 중학 필수 어휘
1 sink 2 heard 3 created 4 tribe 5 please

START READING!

1 부족, 종족 2 is better than in summer

KEEP READING!

1 (1) ③ (2) ① (3) ② (4) ② (5) ③ 2 ② 3 please

KEEP READING! 해설

1 (5) 이구아수 강에서 살던 음보이라는 신이 나이삐와 결혼하려고 했지만 나이삐가 따로바라는 남자와 도망을 가자 분노해서 둘이 다시는 만날 수 없게 만들었다는 슬픈 전설을 소개하는 글이다. 따라서 정답은 ③이다.

2 따로바는 나이삐를 처음 본 순간 사랑했고 그녀를 음보이로부터 구하기로 결심했다(So he decided ~ from M'boi.)고 했지만 음보이가 따로바에게 명령했다는 언급은 없었으므로 정답은 ②이다.

3 (1) 그는 그녀를 (A) 기쁘게 하기 위해 무엇이든 할 것이다. 그는 그녀를 항상 행복하게 해주고 싶어 한다.
(2) 이 상자는 너무 무거워요. 저를 (B) 좀 도와주실래요?
첫 번째 문장의 (A)는 '기쁘게 하다'라는 말이 들어가고, 두 번째 문장의 (B)는 '부디, 제발, 좀'이라는 말이 들어가야 적절하므로 정답은 please(부디, 제발, 좀; 기쁘게 하다, 만족시키다)이다.

끊어서 읽기

¹ Once upon a time, / people around the Iguazú River / believed in a god, M'boi. ² He lived near the river, // and people tried to please him / all the time. ³ One day, / M'boi saw a beautiful girl, Naipí, / and fell in love with her. ⁴ He wanted to marry her. ⁵ So, people of her tribe / told her to marry him, // but she didn't want to. ⁶ In that tribe, / there was also a young man, Tarobá. ⁷ He fell in love with Naipí // when he first saw her. ⁸ So he decided to save her / from M'boi. ⁹ He ran away with Naipí / on a small boat. ¹⁰ When M'boi heard about it, // he got very angry / and created deep falls. ¹¹ Tarobá and Naipí sank in the falls / with their boat. ¹² Later, /

어휘 확인하기

once upon a time 옛날 옛날에
try to ~하려고 노력하다
please 《정중한 요구·간청·부탁》 부디, 제발, 좀; 기쁘게 하다, 만족시키다
all the time 항상, 줄곧
fall in love with ~와 사랑에 빠지다
tribe 부족, 종족
run away 도망치다
hear 듣다, 들리다
create 창조하다, 만들어 내다
falls 폭포
sink 가라앉다; 개수대, 세면대
palm tree 야자나무
be able to ~할 수 있다

나이삐는 돌이 되었다 / 폭포 아래의 // 그리고 따로바는 야자나무가 되었다.
Naipí became a rock / under the falls, // and Tarobá became a

이렇게 / 두 연인은 서로를 볼 수만 있었다 /
palm tree. 13 This way, / the two lovers could only see each other, /

그러나 결코 다시 함께할 수 없었다.
but never be able to be together again.

해석 한눈에 보기

1 옛날에 이구아수 강 근처의 사람들은 음보이라는 신을 믿었다. 2 그는 강 근처에 살았고, 사람들은 항상 그를 기쁘게 하려고 노력했다. 3 어느 날, 음보이는 아름다운 소녀 나이삐를 보고 사랑에 빠졌다. 4 그는 그녀와 결혼하길 원했다. 5 그래서 그녀의 부족 사람들도 그녀에게 그와 결혼하라고 말했지만, 그녀는 (그와 결혼하기를) 원하지 않았다.
6 그 부족에는 또한 따로바라는 젊은 남자가 있었다. 7 그는 나이삐를 처음 보았을 때 사랑에 빠졌다. 8 그래서 그는 그녀를 음보이로부터 구하기로 결심했다. 9 그는 나이삐와 작은 배로 도망쳤다. 10 음보이가 그것을 들었을 때, 그는 매우 화가 나서 깊은 폭포를 만들었다. 11 따로바와 나이삐는 배와 함께 폭포에서 가라앉았다. 12 나중에 나이삐는 폭포 아래의 돌이 되었고 따로바는 야자나무가 되었다. 13 이렇게 두 연인은 서로를 볼 수 있지만 결코 다시는 함께할 수 없었다.

필수 구문 확인하기

5 So, people of her tribe **told** her **to marry** him, but she didn't want **to** (marry him).
   V   O   C

▶ 「tell+목적어+to+동사원형」은 '~에게 …하라고 말하다'의 의미이다. 문장 끝의 to 뒤에는 marry him이 생략되었다.

02 [국어 | 환경을 생각하다] 서서 달리기 하는 고릴라

본문 p.52~55

교육부 지정 중학 필수 어휘
1 costume 2 earn 3 occasion 4 real 5 raised 6 result

START READING!
1 ② 2 (1) T (2) F (3) F

KEEP READING!
1 (1) ② (2) ③ (3) ② (4) ① 2 ④ 3 raise 4 나는 내 친구가 길을 건너고 있는 것을 보았다

KEEP READING! 해설

1 (4) 런던에서 매년 개최되는 달리기 경주를 소개하는 글이다. 경주에 참가한 사람들이 고릴라 복장을 입고 달리고 걸으면서 고릴라를 위한 모금을 한다는 내용이다. 따라서 정답은 ①이다.

2 달리기 경주의 개최자 이름에 대한 언급은 없었으며, 참가비용에 관해 설명되지 않고 있다. 사냥꾼들이 고릴라의 머리와 손으로 많은 돈을 벌었다고는 했지만, 정확한 가격에 대해서는 언급되지 않았다. 많은 사냥꾼들이 고릴라를 사냥한 결과, 전 세계에 남아 있는 마운틴 고릴라의 수가 900마리 미만이라고 했으므로 정답은 ④이다.

3 (1) 질문을 하고 싶을 때는 손을 (A) 들어주세요.
   (2) 오늘 저녁에 어려운 아이들을 위해 돈을 (B) 모으는 행사가 있다.
   첫 번째 문장의 (A)는 '~을 들다, 들어 올리다'라는 말이 들어가고, 두 번째 문장의 (B)는 '(돈을) 모으다, 마련하다'라는 말이 들어가야 적절하므로 정답은 raise(~을 들다, 들어 올리다; (돈을) 모으다, 마련하다)이다.

4 「see A -ing」는 'A가 ~하고 있는 것을 보다'라는 의미이다. 여기서 A는 주어진 문장의 my friend이며, 뒤에 이어서 나오는 crossing은 my friend의 행동을 나타낸다. cross the street은 '길을 건너다'의 의미이므로 정답은 '나는 내 친구가 길을 건너고 있는 것을 보았다.'이다.

¹ In London, / you can see gorillas running / in a race. ² They do

really stand and run! ³ But are they real gorillas? ⁴ Of course not.

⁵ The gorillas are actually humans! ⁶ People in the race / wear gorilla

masks and costumes. ⁷ They join a race, / the Great Gorilla Run.

⁸ The race happens every year / in London, England. ⁹ People in

the race have fun // while they are running, walking, and even jumping

through the streets.

¹⁰ Why gorillas then? ¹¹ Many hunters used to kill gorillas // because

they earned a lot of money / for their heads and hands. ¹² As a

result, / there are fewer than 900 mountain gorillas / in the world.

¹³ Through the Great Gorilla Run, / people raise money / for gorillas

in danger. ¹⁴ Because this special occasion is only a one-day event,

// it may seem small. ¹⁵ But this small event can lead to a big change

/ and a brighter future for gorillas.

real 진짜의
actually 사실은, 실제로
mask (변장용) 가면, 복면
costume (특정 지역이나 시대의) 의상, 복장; (연극·영화 등에서) 의상, 분장, 변장
while ~하는 동안
through ~에서, ~을 통하여
then 그러면
hunter 사냥꾼
used to ~하곤 했다
earn (돈을) 벌다, 일하여 얻다
result 결과, 성과; 결과로서 생기다
raise ~을 들다, 들어 올리다; ~을 기르다, 재배하다; (돈을) 모으다, 마련하다
in danger 위험에 처한
special 특별한
occasion (특수한) 경우, 때; 특별한 일, 행사
lead to ~로 이어지다

해석 한눈에 보기

¹ 런던의 한 경주에서 당신은 고릴라들이 달리는 것을 볼 수 있다. ² 그들은 정말로 서서 달린다! ³ 그런데 그들이 진짜 고릴라인가? ⁴ 물론 아니다. ⁵ 그 고릴라들은 사실은 사람이다! ⁶ 경주를 하는 사람들은 고릴라 가면과 의상을 입는다. ⁷ 그들은 더 그레이트 고릴라 런이라는 경주에 참여한다. ⁸ 그 경주는 영국 런던에서 매년 열린다. ⁹ 경주에서 사람들은 달리고 걷고, 길거리에서 뛰기도 하면서 재미있게 논다.
¹⁰ 그러면 왜 고릴라인가? ¹¹ 많은 사냥꾼들이 고릴라의 머리와 손으로 많은 돈을 벌었기 때문에 고릴라를 죽이곤 했다. ¹² 결과적으로 전 세계에 900마리 미만의 마운틴고릴라가 있다. ¹³ 더 그레이트 고릴라 런을 통해 사람들은 위험에 처한 고릴라들을 위해 돈을 모은다. ¹⁴ 이 특별한 행사가 하루 행사이기 때문에 작아 보일지도 모른다. ¹⁵ 그러나 이 작은 행사는 큰 변화와 고릴라를 위한 더 밝은 미래로 이어질 수 있다.

필수 구문 확인하기

¹ In London, you can **see** gorillas **running** in a race.
　　　　　　　　　　　　V　　　O　　　C

▶ 「see+목적어+-ing」는 '~가 …하는 것을 보다'라는 뜻이다.

² They **do** really stand and run!

▶ 조동사 do는 일반동사 stand와 run을 강조하기 위해 쓰인 것으로 '정말로 ~하다'라는 뜻이다.

¹¹ Many hunters **used to kill** gorillas because they earned a lot of money for their heads and hands.

▶ 「used to+동사원형」은 '~하곤 했다'의 의미로, 과거의 상태나 습관을 나타낸다.

---

03 [역사 | 동남아시아 세계의 발전] 앙코르 와트: 따프롬 사원

교육부 지정 중학 필수 어휘
1 temples 2 roots 3 amazing 4 tourists 5 blocked

START READING!
1 신전, 사원, 절 2 many places with interesting stories

KEEP READING!
1 (1) ③ (2) ② (3) ② (4) ③ 2 ③ 3 ① 4 block

KEEP READING! 해설

1 (4) 캄보디아에 있는 따프롬 사원을 소개하는 글이다. 주변 나무들로 둘러싸인 사원은 이제 더 이상 사람들이 살지는 않지만 자연과 어우러져 있는 모습에 많은 방문객들이 놀란다는 내용이다. 따라서 정답은 ③이다.

2 캄보디아 국기 색깔에 대한 언급은 없었으며, 앙코르 사원이 유명한 이유에 대해서도 설명되지 않고 있다. 어떤 사람들은 따프롬 사원이 자연을 막는다고 주장하기도 한다는 언급은 있지만, 그 사원의 규모에 관한 내용은 없다. 많은 방문객들이 주변 나무들이 건물 대부분을 덮고 있는 모습을 보고 놀란다고 했으므로 정답은 ③이다.

3 밑줄 친 ⓐ의 앞 문장에서 캄보디아 국기에서 앙코르 와트를 볼 수 있다고 한 후, 많은 관광객들이 그것의 건물들을 보기 위해 캄보디아를 방문한다고 말하고 있으므로 ⓐ는 앙코르 와트(Angkor Wat)를 가리킨다. 나머지는 모두 따프롬 사원을 가리키고 있으므로 정답은 ①이다.

4 ⓐ는 '도시 안에 거리로 나뉘진 건물들이 있는 한 구역'이라는 뜻이고, ⓑ는 '무언가가 이동하는 것을 막는 것'을 의미하므로 block((도로)로 나뉘는) 구역, 블록; 방해하다, 막다)이 정답이다.

끊어서 읽기

¹ In Cambodia, / Angkor Wat is the most famous temple. ² You can
캄보디아에서 / 앙코르 와트는 가장 유명한 사원이다 / 당신은 심지어

even see it / in the Cambodian flag. ³ Many tourists visit Cambodia /
그것을 볼 수 있다 / 캄보디아의 국기에서도. / 많은 관광객들이 캄보디아를 방문한다 /

just to see its beautiful buildings. ⁴ But there is another important
단지 그것의 아름다운 건물을 보기 위해. / 그러나 또 다른 중요한 사원이 있다
to+동사원형 〈~하기 위해〉

temple, // and you don't want to miss it. ⁵ Only a few kilometers
사원, // 그리고 당신이 그것을 놓치고 싶지 않다. / 불과 몇 킬로미터 떨어진 곳에

away, / there is the temple of Ta Prohm. ⁶ It is as amazing as Angkor Wat.
/ 따프롬 사원이 있다. / 그것은 앙코르 와트만큼 놀랍다.

⁷ Many visitors are very surprised // when they see it. ⁸ The trees
많은 방문객들이 매우 놀란다 // 그들이 그것을 볼 때.

around the temple / now cover many of the buildings. ⁹ About
사원 주변의 나무들은 / 이제 많은 건물을 덮는다.

2,500 people used to live / in the temple at Ta Prohm. ¹⁰ Most of
예전에 약 2,500명의 사람들이 살곤 했다 / 따프롬의 사원에.

어휘 확인하기

Cambodia 캄보디아
temple 신전, 사원, 절
even 심지어, ~조차도
Cambodian 캄보디아의
flag (국가·단체의 상징인) 기, 깃발
tourist 관광객
a few 조금
kilometer 《길이의 단위》 킬로미터
amazing 놀라운, 굉장한
surprised 놀란
used to ~하곤 했다
cover A with B B로 A를 덮다[뒤덮다]
root 뿌리; 근원, 본질
destroy 파괴하다

| 그들 대부분은 수도승이었다. | 모든 사람이 떠난 후에 | // | 나무는 점점 커졌다 | / |

them were monks. ¹¹ After everyone left, // the trees grew bigger /

그리고 사원의 대부분을 덮었다 / 그것의 뿌리로. 어떤 사람들은 말한다

and covered most of the temple / with their roots. ¹² Some people

// 그 나무들이 사원을 파괴하고 있다고. 다른 사람들은 말한다 //

say // that the trees are destroying the temple. ¹³ Others say // that
    (~인 것을)   (~인 것을)

사원이 자연을 막으려 한다고. 어느 것이 사실일까? 정답은 없다.

the temple is trying to block nature. ¹⁴ Which is true? ¹⁵ There's no

그러나 그 나무 뿌리들이 만든다 / 사원을 매우 특별하게.

right answer. ¹⁶ But those tree roots make / the temple very special.

block (큰) 덩어리, 토막; (도로로 나뉘는) 구역, 블록; 방해하다, 막다

which 어느 쪽, 어느 것

There is no ~이[가] 없다

special 특별한

해석 한눈에 보기

¹ 캄보디아에서 앙코르 와트는 가장 유명한 사원이다. ² 당신은 그것을 심지어 캄보디아의 국기에서도 볼 수 있다. ³ 많은 관광객들이 단지 그것의 아름다운 건물을 보기 위해 캄보디아를 방문한다. ⁴ 그러나 또 다른 중요한 사원이 있고 당신은 그것을 놓치고 싶지 않을 것이다. ⁵ 불과 몇 킬로미터 떨어진 곳에 따프롬 사원이 있다. ⁶ 그것은 앙코르 와트만큼 놀랍다.

⁷ 많은 방문객들은 그것을 볼 때 매우 놀란다. ⁸ 사원 주변의 나무들은 이제 많은 건물을 덮는다. ⁹ 예전에 약 2,500명의 사람들이 따프롬의 사원에 살곤 했다. ¹⁰ 그들 대부분은 수도승이었다. ¹¹ 모든 사람이 떠난 후, 나무는 점점 더 커졌고, 사원의 대부분을 그것들의 뿌리로 덮어 버렸다. ¹² 어떤 사람들은 나무들이 사원을 파괴하고 있다고 말한다. ¹³ 다른 사람들은 사원이 자연을 막으려 한다고 말한다. ¹⁴ 어느 것이 사실일까? ¹⁵ 정답은 없다. ¹⁶ 그러나 그 나무 뿌리들은 사원을 매우 특별하게 만든다.

필수 구문 확인하기

⁶ It is **as** *amazing* **as** Angkor Wat.

▶ 「as+형용사+as」는 '~만큼 …한'의 의미이다.

⁹ About 2,500 people **used to live** in the temple at Ta Prohm.

▶ 「used to+동사원형」은 '~였다[하곤 했다]'의 의미로, 과거의 상태나 습관을 나타낸다.

¹² Some people say **that** the trees are destroying the temple.

▶ that은 명사절을 이끄는 접속사이며 that 이하는 say의 목적어이다.

¹⁶ But those tree roots **make** the temple **very special**.
                            V   O   C

▶ 「make+목적어+형용사」는 '~을 …하게 만들다[하다]'의 의미이다.

04 [수학 | 방정식] 린드 파피루스 본문 p.60~63

교육부 지정 중학 필수 어휘
1 determined 2 solution 3 measured 4 pieces 5 text

START READING!

1 ② 2 (1) F (2) F (3) T

KEEP READING!

1 (1) ① (2) ① (3) ③ (4) ① (5) ② 2 ④ 3 ② 4 determine

KEEP READING! 해설

1 (5) 헨리 린드가 한 시장에서 구매한 가장 오래된 문서, 린드 파피루스를 소개하는 내용이다. 린드 파피루스에는 수학 문제가 있으며 고대 이집트 사람들이 어떻게 그 문서를 사용했는지를 설명하므로 정답은 ②이다.

2 고대 이집트 사람들은 린드 파피루스를 노동자들에게 줄 음식이나 돈을 정하는 데 사용했다는 내용은 있지만, 정확히 얼마만큼인지 음식의 양에 대한 언급은 없었으므로 정답은 ④이다.

3 밑줄 친 they는 바로 앞 문장에 나온 ancient Egyptians(고대 이집트인들)를 가리키므로 정답은 ②이다.
① 파피루스 중 몇 점 ② 고대 이집트인들 ③ 수학 문제 ④ 해답들

4 ⓐ는 '무언가를 공부하거나 보고 난 후 사실을 알아내는 것'을 의미하고 ⓑ는 '무언가를 결정하는 것'을 의미하므로 정답은 determine (결정하다, 확정하다; 결심하다)이다.

끊어서 읽기

린드 파피루스는 가장 오래된 문서 중 하나이다 / 기원전 1650년부터의.
1 The Rhind Papyrus is one of the oldest texts, / from 1650 B.C. **2** It

그것은 약 33센티미터 높이이다 / 그리고 5미터 길이이다. 1858년에 /
is about 33 centimeters tall / and 5 meters long. **3** In 1858, / Henry

헨리 린드는 그것을 시장에서 샀다. 많은 사람들이 믿는다 //
Rhind bought it from a market. **4** Many people believe // that it
(~인 것을)

그것은 이집트의 테베에서 온 것이라고. 1865년 후반에 / 영국 박물관이 그것을
came from Thebes in Egypt. **5** Later in 1865, / the British Museum

린드에게서 샀다. 뉴욕의 또 다른 박물관은 보관하고 있다 /
bought it from Rhind. **6** Another museum in New York keeps /

그 파피루스 몇 점을 역시.
some pieces of the papyrus, too.

린드 파피루스에는 무엇이 있을까? 그것은 약 87개의 다른 수학 문제를 갖고 있다.
7 What is in the Rhind Papyrus? **8** It has about 87 different math

흥미롭게도 문제는 검정색으로 되어 있다 // 그리고
problems. **9** Interestingly, the problems are in black, // and the

해답은 빨간색으로 되어 있다. 고대 이집트인들은 그것을 사용했다 / 매일의 문제를 해결하기 위해.
solutions are in red. **10** Ancient Egyptians used it / to solve everyday
to+동사원형 〈~하기 위해〉

예를 들어 / 그들은 그 파피루스를 사용했다 /
problems. **11** For example, / they used the papyrus / to determine
to+동사원형 〈~하기 위해〉

음식이나 돈의 양을 결정하기 위해 / 노동자들을 위한. 그들은 또한 측정할 수 있었다
the amount of food or money / for workers. **12** They could also

/ 피라미드의 변을.
measure / the sides of a pyramid.

어휘 확인하기

text 《모든 형태의》 글, 문서
centimeter 《길이의 단위》 센티미터
meter 《길이의 단위》 미터
market 시장
piece 조각, 일부분; 하나, 한 개
interestingly 흥미롭게도
solution 《문제 등의》 해결, 해석, 설명
ancient 고대의
solve 《문제·곤경을》 풀다, 해결하다
for example 예를 들어
determine 결정하다, 확정하다; 결심하다
amount 《무엇의》 양
measure 재다, 측정하다; 측정, 측량
side 《삼각형 등의》 변, 《입체의》 면
pyramid 피라미드

[선택지 어휘]
discover 알아내다, 알다

해석 한눈에 보기

1 린드 파피루스는 기원전 1650년부터의 가장 오래된 문서 중 하나이다. **2** 그것의 높이는 약 33센티미터이고, 길이는 5미터이다. **3** 1858년에 헨리 린드는 그것을 시장에서 샀다. **4** 많은 사람들이 그것이 이집트의 테베에서 왔다고 믿는다. **5** 1865년 후반에 영국 박물관이 그것을 린드에게서 샀다. **6** 뉴욕의 또 다른 박물관도 그 파피루스 몇 점을 보관하고 있다.
7 린드 파피루스에는 무엇이 있을까? **8** 그것은 약 87개의 수학 문제를 갖고 있다. **9** 흥미롭게도 문제는 검정색으로 되어 있고, 해답은 빨간색이다. **10** 고대 이집트인들은 그것을 일상의 문제를 해결하기 위해 사용했다. **11** 예를 들어 그들은 노동자들을 위한 음식이나 돈의 양을 결정하기 위해 그 파피루스를 사용했다. **12** 그들은 또한 피라미드의 변을 측정할 수 있었다.

필수 구문 확인하기

4 Many people believe **that** it came from Thebes in Egypt.

▶ that은 명사절을 이끄는 접속사이며 that 이하는 believe의 목적어이다.

Chapter 04

본문 p.66~69

01 [국어 | 보고서] 빅토리아 호수

교육부 지정 중학 필수 어휘
1 soon 2 health 3 pollute 4 cause 5 solve

START READING!
1 ③ 2 happened to the lake

KEEP READING!
1 (1) ③ (2) ① (3) ③ (4) ② (5) ② 2 ② 3 Lake Victoria 4 health

KEEP READING! 해설

1 (5) 이집트에서 가져온 물고기가 빅토리아 호수에 서식하던 열대어를 없앴고, 주변 도시가 호수를 매일 오염시킨다는 내용이므로 정답은 ②이다.

2 이집트 나일 강에서 가져온 물고기를 빅토리아 호수에 풀어줬다(So, they brought ~ to solve the problem.)고 했으므로 정답은 ②이다.

3 밑줄 친 it의 앞 문장에 빅토리아 호수는 다른 문제를 가지고 있다고 한 후, 주변 도시 때문에 점점 그 호수가 더러워지고 있다는 내용이므로 앞 문장의 Lake Victoria가 정답이다.

4 '몸이나 마음의 상태'를 의미하므로 정답은 health((몸·마음의) 건강)이다.

끊어서 읽기

¹ There were three hundred species / of cichlid fish / in Lake
　3백 종이 있었다　　　시클리드 어종의　빅토리아 호수에.

Victoria. ² They were tropical fish / with beautiful colors. ³ In the
　그것들은 열대어였다　/　아름다운 색을 가진.

1950s, / the countries near the lake / needed food. ⁴ So, they
1950년대에 /　호수 주변의 나라들은　/　음식이 필요했다.　그래서 그들은

brought two kinds of fish / from the Nile River in Egypt / and put
두 가지 종류의 물고기를 가져왔다 /　이집트의 나일 강으로부터　/ 그리고 그것들을

them in the lake / to solve the problem. ⁵ However, / those fish
호수에 넣었다　/　그 문제를 해결하기 위해.　　그런데　/ 그 물고기들은
　　　　　　　　　　to+동사원형 〈~하기 위해〉

caused a bigger problem. ⁶ They ate all the cichlid / in the lake!
더 큰 문제를 초래했다.　　그들은 모든 시클리드를 먹었다 /　호수에 있는!

⁷ Lake Victoria has other problems, too. ⁸ Since there are many
빅토리아 호수에는 다른 문제도 있다.　　　많은 도시가 있기 때문에
　　　　　　　　　　　　　　　　　　　　　　(~ 때문에)

towns / around the lake, // it is getting dirtier and dirtier. ⁹ Houses,
　/　호수 주변에　//　그것은 점점 더 더러워지고 있다.

farms, and factories / are polluting the lake / on a daily basis.
집, 농장, 그리고 공장들은　/　호수를 오염시키고 있다 /　매일.

어휘 확인하기

species 《(생물) 종
tropical fish 열대어
Nile River 나일 강
Egypt 이집트
solve (문제·곤경을) 해결하다
cause 원인; ~을 초래하다, ~의 원인이 되다
pollute 더럽히다, 오염시키다
on a daily basis 매일
health (몸·마음의) 건강
soon 곧, 머지않아
be able to ~할 수 있다

이것은 많은 건강 문제를 초래할 수 있다. 만약 어떤 조치가 취해지지 않는다면

¹⁰ This could cause many health problems. ¹¹ If any action is not

/ 곧 // 아무도 살 수 없을 것이다 / 이 호수 주변에서.

taken / soon, // no one will be able to live / near this lake.

해석 한눈에 보기

¹ 빅토리아 호수에는 3백 종의 시클리드 어종이 있었다. ² 그것들은 아름다운 색을 가진 열대어였다. ³ 1950년대에 호수 주변의 나라들은 음식이 필요했다. ⁴ 그래서 그들은 두 가지 종류의 물고기를 이집트의 나일 강으로부터 가져와서, 그 문제를 해결하기 위해 그것들을 호수에 넣었다. ⁵ 그런데, 그 물고기들은 더 큰 문제를 초래했다. ⁶ 그것들은 호수에 있는 모든 시클리드를 먹어버렸다!

⁷ 빅토리아 호수에는 다른 문제도 있다. ⁸ 호수 근처에 많은 도시가 있기 때문에, 그것은 점점 더 더러워지고 있다. ⁹ 집, 농장, 그리고 공장들이 매일 호수를 오염시키고 있다. ¹⁰ 이것은 많은 건강 문제를 초래할 수 있다. ¹¹ 만약 어떤 조치가 곧 취해지지 않는다면, 아무도 이 호수 주변에서 살 수 없을 것이다.

필수 구문 확인하기

¹¹ If any action is not taken soon, no one will be able to live near this lake.

▶ 조건을 나타내는 부사절에서는 현재 시제가 미래를 대신하기 때문에 be동사의 현재형 is가 쓰였다.

---

02 [역사 | 이집트의 문명] 가장 유명한 파라오의 무덤

본문 p.70~73

교육부 지정 중학 필수 어휘
1 still **2** ruled **3** until **4** ancient **5** such **6** lots **7** even

> **START READING!**
> **1** 지배하다, 통치하다 **2** until he was 64 years old

> **KEEP READING!**
> **1** (1) ② (2) ① (3) ② (4) ① (5) ① **2** ③ **3** ① **4** ④

KEEP READING! 해설

1 (5) 손상되지 않은 채 처음으로 발견된 투탕카멘의 무덤을 소개하는 내용으로, 오늘날 그의 무덤이 왜 유명한지와 그 무덤 안에서 발견된 것들에 대해 설명하고 있다. 따라서 정답은 ①이다.

2 투탕카멘의 무덤이 발견되었을 때, 모든 것이 여전히 안에 있었다(So, everything ~ tomb.)고 했으므로 정답은 ③이다.

3 투탕카멘이 오늘날 가장 유명한 파라오라는 설명에 뒤이어 그 이유를 아는지를 물었으므로 ⓐ는 바로 앞에 언급된 그 이유(the reason)를 가리키며 나머지는 모두 무덤을 지칭한다. 따라서 정답은 ①이다.

4 투탕카멘의 무덤에서 발견된 것 중에 보물이 있었다고 했지만 보물 지도에 대한 언급은 없었으므로 정답은 ④이다.

끊어서 읽기

투탕카멘이 이집트의 왕이 되었을 때 / 파라오 //

¹ When Tutankhamun became the king of Egypt, / a Pharaoh, // he

그는 겨우 열 살이었다. 사람들은 그를 (~라고) 불렀다 / '소년 왕'이라고.

was only ten years old. ² People called him / the "boy king." ³ The

그 '소년 왕'은 그 후 이집트를 지배했다 / 9년 동안 / 그리고 열아홉 살의 나이로 죽었다.

"boy king" then ruled Egypt / for nine years / and died at the age

어휘 확인하기

Egypt 이집트
Pharaoh 파라오 《고대 이집트 왕의 칭호》
then 그 후에, 그다음에
rule 규칙, 규정; (국왕·정부 등이) 지배하다, 통치하다

of nineteen. ⁴ Because he lived such a short time, // people do not

그는 정말 짧은 기간을 살았기 때문에 // 사람들은 많이 알지 못한다

know much / about his life / as Pharaoh. ⁵ However, / Tutankhamun

/ 그의 삶에 대해 / 파라오로서의. 그런데 / 투탕카멘은

is the most famous Pharaoh today. ⁶ Do you know the reason? ⁷ It is

오늘날 가장 유명한 파라오이다. 그 이유를 아는가?

because of his tomb. ⁸ Tutankhamun's tomb was the first untouched

그것은 그의 무덤 때문이다. 투탕카멘의 무덤은 손상되지 않은 최초의 무덤이었다
(~ 때문에)

tomb / of a Pharaoh. ⁹ It was never touched // until a British

/ 파라오의. 그것은 결코 손이 닿지 않았다 // 영국의 고고학자인
(~할 때까지)

archaeologist, Howard Carter, found it. ¹⁰ So, everything was still

하워드 카터가 그것을 발견할 때까지. 그래서 모든 것이 여전히 무덤 안에 있었다.

inside the tomb. ¹¹ It had the mummy of Tutankhamun / and lots

그것은 투탕카멘의 미라를 가지고 있었다 / 그리고 많은

of Egyptian treasure, / such as a golden mask, jewelry, and

이집트의 보물들을 / 금으로 된 가면, 보석, 그리고 무기와 같은.

weapons. ¹² It even had food. ¹³ Thanks to his tomb, / historians

심지어 음식도 있었다. 그의 무덤 덕분에 / 역사학자들은
(~ 덕분에)

can now study ancient Egypt better.

지금 고대 이집트를 더 잘 연구할 수 있다.

---

such 그러한, 이러한; 대단히, 매우
tomb 무덤
untouched 손대지 않은, 손상되지 않은
until 《시간의 계속》 ~까지, ~이 되기까지; 《시간의 계속》 ~할 때까지
still 아직(도), 여전히; 가만히 있는, 고요한
mummy 미라
lot 많음, 다수, 다량
lots of 수많은
Egyptian 이집트의
treasure 보물
such as ~와 같은
golden 금으로 만든
jewelry 보석
weapon 무기
even 심지어, ~조차(도)
thanks to ~ 덕분에, ~ 때문에
historian 역사가, 역사학자
ancient 고대의, 먼 옛날의

해석 한눈에 보기

¹ 투탕카멘이 이집트의 왕, 파라오가 되었을 때, 그는 겨우 열 살이었다. ² 사람들은 그를 '소년 왕'이라고 불렀다. ³ 그 '소년 왕'은 그 후 9년 동안 이집트를 지배했고, 열아홉 살의 나이로 죽었다. ⁴ 그는 정말 짧은 기간을 살았기 때문에 사람들은 파라오로서의 그의 삶에 대해 많이 알지 못한다. ⁵ 그런데 투탕카멘은 오늘날 가장 유명한 파라오이다. ⁶ 그 이유를 아는가? ⁷ 그것은 그의 무덤 때문이다. ⁸ 투탕카멘의 무덤은 손상되지 않은 최초의 파라오 무덤이었다. ⁹ 그것은 영국의 고고학자인 하워드 카터가 발견할 때까지 결코 손이 닿지 않았다. ¹⁰ 그래서 모든 것이 여전히 무덤 안에 있었다. ¹¹ 그것은 투탕카멘의 미라와 금으로 된 가면, 보석, 무기와 같은 많은 이집트의 보물을 갖고 있었다. ¹² 심지어 음식도 있었다. ¹³ 그의 무덤 덕분에 역사학자들은 지금 고대 이집트를 더 잘 연구할 수 있다.

필수 구문 확인하기

² People **called him the "boy king."**
          V   O   C
   ▶ 「call A B」는 'A를 B라고 부르다'의 의미이다.

⁴ Because he lived **such a short time**, people do not know much about his life as Pharaoh.
   ▶ 「such+a(n)+형용사+단수명사」나 「such+형용사+복수명사」는 '정말 ~한, 꽤 ~한'이라는 뜻이다.

---

03 [과학 | 태양계] 일식과 월식

교육부 지정 중학 필수 어휘
1 sign 2 beat 3 scared 4 noise 5 either 6 possible

START READING!

1 ③ 2 had similar ideas about

KEEP READING!

1 (1) ② (2) ① (3) ② (4) ① 2 ④ 3 ③ 4 sign

KEEP READING! 해설

1 (4) 나라별로 일식과 월식에 관련해서 전해 내려오는 이야기를 소개하는 글이다. 따라서 정답은 ①이다.

2 고대 중국 사람들은 일식이나 월식 후에 나쁜 일들이 일어날 것이라고 두려워했다(In ancient China, ~ an eclipse.)고 했으므로 정답은 ④이다.

3 고대 중국 사람들은 용이 태양을 먹었을 때 일식이 일어난다고 믿었기 때문에 이를 막기 위해 함께 노래를 부르고, 북을 치면서 대포를 발사했다(To stop ~ the dragon away.)고는 했지만, 신에게 빌었다는 언급은 없으므로 정답은 ③이다.

4 (1) 너는 이 종이에 (A) 서명해야 한다. 그러면 그 집은 너의 것이다.
(2) 우리는 그가 안으로 들어오라는 (B) 신호를 줄 때까지 기다려야 한다.
첫 번째 문장의 (A)는 '서명하다'라는 말이 들어가고, 두 번째 문장의 (B)는 '(~하라는) 신호'라는 말이 들어가야 적절하므로 정답은 sign((~하라는) 신호; 서명하다)이다.

끊어서 읽기

바이킹들은 믿었다 // 두 마리의 늑대가 초래할 것이라고 / 세상의 종말을.
1 Vikings believed // that two wolves would cause / the end of the
〈~인 것을〉

그 두 마리의 늑대, 스콜과 하티는 / 태양과 달을 먹길 원했다.
world. **2** The two wolves, Skoll and Hati, / wanted to eat the Sun
to+동사원형 〈~하는 것을〉

스콜은 태양으로 갔다 // 하티가 달을 쫓는 동안.
and the Moon. **3** Skoll went to the Sun, // while Hati chased the

태양이든 달이든 어느 한쪽이 잡힐 때 //
Moon. **4** When either the Sun or the Moon is caught, // an eclipse

식이 일어난다. 지구에서 / 사람들은 해나 달을 구하기 위해 노력했다 /
takes place. **5** On Earth, / people tried to rescue the Sun or Moon /

가능한 큰 소음을 냄으로써 / 늑대를 겁을 주어 쫓아버리기 위해.
by making as much noise as possible / to scare away the wolves.
by+-ing 〈~함으로써〉   to+동사원형 〈~하기 위해〉

고대 그리스에서는 / 사람들은 생각했다 // 개기식이 나쁜 신호라고.
6 In ancient Greece, / people thought // a total eclipse was a bad
                                                    that

그들은 믿었다 // 그것은 신의 노여움의 신호라고 // 그리고
sign. **7** They believed // that it was a signal of god's anger // and
〈~인 것을〉

재앙이 곧 일어날 것이라고.
that disasters would happen soon.
〈~인 것을〉

고대 중국에서는 / 사람들이 또한 두려워했다 // 나쁜 일이 식을 뒤따를 것을.
8 In ancient China, / people also feared // bad things would follow
                                                    that

사람들은 생각했다 // 식이 일어난다고 // 용이 태양을 먹었을 때.
an eclipse. **9** People thought // eclipses took place // when a dragon
                                        that

그것을 막기 위해 // 사람들은 함께 노래를 불렀다 / 북을 쳤다 /
ate the Sun. **10** To stop it, // people sang together, / beat drums, /
to+동사원형 〈~하기 위해〉 (= an eclipse)

그리고 대포를 발사했다 / 용을 겁을 주어 쫓아버리기 위해.
and fired guns / to scare the dragon away.
                    to+동사원형 〈~하기 위해〉

어휘 확인하기

cause ~을 초래하다

while ~하는 동안

chase 뒤쫓다

either (둘 중) 어느 한쪽, 어느 쪽도

take place 일어나다

rescue 구하다, 구조하다

noise (듣기 싫은) 소리, 소음

possible 가능한

scare 겁주다

scare away 겁을 주어 ~을 쫓아 버리다

ancient 고대의, 먼 옛날의

sign (~하라는) 신호; 서명하다

signal 신호

disaster 재해, 재앙

happen (일·사건 등이) 일어나다

soon 곧

fear 두려워하다

follow 뒤이어 발생하다

dragon 용

beat (반복적으로) 두드리다, 치다; (게임·시합에서) 이기다

fire 발사하다

gun 대포

해석 한눈에 보기

1 바이킹들은 두 마리의 늑대가 세상의 종말을 초래할 것이라고 믿었다. **2** 그 두 마리의 늑대, 스콜과 하티는 태양과 달을 먹고 싶어 했다. **3** 하티가 달을 쫓는 동안 스콜은 태양으로 갔다. **4** 태양이나 달이 잡힐 때, 식이 일어난다. **5** 지구에서 사람들은 늑대를 겁을 주어 쫓아내기 위해 가능한 큰 소음을 냄으

로써 태양이나 달을 구하기 위해 노력했다.

⁶ 고대 그리스에서는 사람들은 개기식이 나쁜 신호라고 생각했다. ⁷ 그들은 그것이 신의 노여움의 신호이고 곧 재앙이 일어날 것이라고 믿었다.

⁸ 고대 중국에서는 사람들은 또한 나쁜 일들이 식을 뒤따를 것을 두려워했다. ⁹ 사람들은 용이 태양을 먹었을 때 식이 일어난다고 생각했다. ¹⁰ 그것(일식)을 막기 위해, 사람들은 용을 겁을 주어 쫓아내는 데 함께 노래를 부르고, 북을 두드리고, 대포를 발사했다.

필수 구문 확인하기

⁵ On Earth, people tried to rescue the Sun or Moon **by making** *as much noise as possible* to scare away the wolves.

▶ 「by+-ing」은 '~함으로써'의 의미이다. 「as ~ as possible」은 '가능한 한 ~한[하게]'의 의미이다.

⁷ <u>They</u> <u>believed</u> **that** <u>it was a signal of god's anger</u> **and that** <u>disasters would happen soon</u>.
   S   V   O₁   O₂

▶ that 이하의 명사절은 동사 believed의 목적어이다. 두 개의 that절이 등위접속사 and에 의해 병렬구조로 연결되어 있다.

---

04 [사회 | 자연으로 떠나는 여행] 삿포로 눈 축제

교육부 지정 중학 필수 어휘

1 character 2 statue 3 local 4 celebration 5 regret 6 female

START READING!

1 ① 2 people from all over the world

KEEP READING!

1 (1) ③ (2) ② (3) ② (4) ① 2 ④ 3 (a) 4 regret

KEEP READING! 해설

1 (4) 1950년에 6명의 고등학생들이 시작한 삿포로 눈 축제를 소개하는 글이다. 세계적으로 유명해진 이 눈 축제에서 다양한 조각상들과 각종 대회로 많은 사람들에게 즐거움을 준다는 내용이므로 정답은 ①이다.

2 삿포로 눈 축제는 처음 오도리 공원에서 시작했다고 했고, 수백 개의 조각상을 볼 수 있기 때문에 인기가 있으며, 얼음 조각상들이 유명한 건물이나 인물과 같은 주제를 가지고 있다고 했다. 그리고 그 외에 다양한 대회가 있으며, 그중 스스키노 눈의 여왕을 뽑는 미인 대회가 있다고 언급했지만, 눈의 여왕이 되기 위한 조건에 대한 언급은 없었으므로 정답은 ④이다.

3 본문의 female은 '여성의, 암컷의'라는 뜻이다. 따라서 정답은 (a)이다.
(a) 암컷의 고양이는 일 년에 두 번이나 세 번 아기를 가질 수 있다.
(b) 그 코끼리는 8살인 암컷이다.

4 ⓐ는 '네가 과거를 바꿀 수 있길 바라는 것'이라는 뜻이고 ⓑ는 '어떤 일이 일어나서 안타깝거나 슬픈 것'을 의미하므로 정답은 regret(후회하다; 유감으로 생각하다)이다.

끊어서 읽기

<table>
<tr><td>삿포로 눈 축제는 시작되었다</td><td>/</td><td>하루 행사로</td><td>/</td><td>1950년에.</td></tr>
</table>

¹ The Sapporo Snow Festival started / as a one-day event / in 1950.

여섯 명의 현지 고등학교 학생들이 세웠다   / 여섯 개의 눈으로 된 조각상을 / 오도리 공원에.

² Six local high school students built / six snow statues / in Odori

그들은 작은 기념 행사를 가졌다.   곧 마을의 다른 사람들은

Park. ³ They had a little celebration. ⁴ Soon, other people in the town

어휘 확인하기

festival 축제

event 일어난 일, 행사

local (특정한) 지방의, 현지의

statue 조각상

celebration 축하, 기념; 축하 행사, 기념 행사

24 정답 및 해설

/ 흥미를 갖게 되었다 / 그리고 공원에 조각상들을 세우기 시작했다 / 역시.

/ became interested / and started <u>to build</u> statues in the park, / too.

to+동사원형 〈~하는 것을〉

얼마 안 가서, 그 하루 행사는 되었다 / 세계적으로 유명한 축제로.

⁵ Shortly, the one-day event turned into / a world-famous festival.

그 축제 동안 / 당신은 수백 개의 얼음 조각상들을 볼 수 있다.

⁶ During the festival, / you can see hundreds of ice statues.

얼음 조각상들은 다른 주제를 가지고 있다 / 유명한 건물 같은

⁷ The ice statues have different themes, / such as famous buildings

/ 그리고 과거의 사람들과 같은. 당신은 또한 등장인물을 볼 수 있다 /

/ and people from the past year. ⁸ You can also see characters /

포켓몬과 스타워즈 같은 만화 영화와 영화의 / 역시.

from animations and movies like *Pokemon* and *Star Wars*, / too.

또한 다른 대회도 있다 / 스스키노 눈의 여왕과 같은

⁹ There are also other contests / such as the Susukino Queen of Ice,

/ 여성 미인 대회인. 정말 재미있게 들린다 / 그렇지 않은가?

/ a female beauty contest. ¹⁰ It sounds like a lot of fun, / doesn't it?

만약 당신이 어떤 계획이 있다면 / 이번 겨울에 일본을 방문할 // 이 재미있는 축제를 놓치지 마라

¹¹ If you have any plans / to visit Japan this winter, // don't miss out on

to+동사원형 〈~할〉

/ 삿포로의. 당신은 그것을 후회하지 않을 것이다.

this fun festival / in Sapporo. ¹² You will not regret it.

soon 곧, 머지않아

interested 관심 있어 하는

shortly 곧, 얼마 안 되어

world-famous 세계적으로 유명한

during ~ 동안

such as ~와 같은

character 성격, (물건의) 특성; (소설 등의) 등장인물, (만화의) 캐릭터; 문자

animation 만화 영화

contest 경연, 대회

female 여성, 암컷; 여성의, 암컷의

beauty contest 미인 대회

miss out on ~을 놓치다

regret 후회하다; 유감으로 생각하다

해석 한눈에 보기

¹ 삿포로 눈 축제는 1950년에 하루 행사로 시작되었다. ² 여섯 명의 현지 고등학교 학생들이 오도리 공원에 여섯 개의 눈으로 만든 조각상을 세웠다. ³ 그들은 작은 기념 행사를 열었다. ⁴ 곧 마을의 다른 사람들은 흥미를 갖게 되었고 역시 공원에 조각상들을 세우기 시작했다. ⁵ 얼마 안 가서, 그 하루 행사는 세계적으로 유명한 축제가 되었다. ⁶ 축제 동안에 당신은 수백 개의 얼음 조각상을 볼 수 있다.
⁷ 얼음 조각상은 유명한 건물과 과거의 인물들 같은 다른 주제를 갖는다. ⁸ 당신은 또한 〈포켓몬〉과 〈스타워즈〉 같은 만화 영화와 영화의 등장인물도 볼 수 있다. ⁹ 여성 미인 대회인 스스키노 눈의 여왕과 같은 다른 대회들도 있다. ¹⁰ 정말 재미있게 들린다. 그렇지 않은가? ¹¹ 당신이 이번 겨울에 일본을 방문할 계획이 있다면 삿포로의 이 재미있는 축제를 놓치지 마라. ¹² 당신은 그것을 후회하지 않을 것이다.

필수 구문 확인하기

¹⁰ It sounds like a lot of fun, doesn't it?

▶ doesn't it은 부가의문문으로 앞서 언급한 내용에 대해 확인이나 동의를 구할 때 쓴다.

¹¹ If you have *any plans* [to visit Japan this winter], don't miss out on this fun festival in Sapporo.

▶ to visit은 '방문할'의 의미로 앞에 있는 any plans를 꾸며주는 형용사적 용법의 to부정사이다.

Chapter 05

01 [과학 | 광합성] 바오바브나무의 비밀

교육부 지정 중학 필수 어휘
1 usually 2 bear 3 growth 4 scared 5 planet 6 grow

START READING!
1 ② 2 oldest

KEEP READING!
1 (1) ③ (2) ① (3) ② (4) ① 2 ④ 3 (b) 4 planet

KEEP READING! 해설

1 (4) 바오바브나무가 물을 적게 사용하고, 매우 천천히 자라며, 뿌리가 매우 크고 길다는 내용으로, 바오바브나무의 특징을 설명하고 있다. 따라서 정답은 ①이다.

2 나무들은 햇빛과 물을 사용해 에너지를 얻는다고 했고, 바오바브나무는 다른 나무들과 달리 물을 적게 사용한다고 했으며, 어린 왕자는 바오바브나무가 자신의 행성을 파괴하는 것을 두려워한다고 했다. 가장 오래된 바오바브나무의 크기에 관한 언급은 없었으므로 정답은 ④이다.

3 본문의 growth는 '성장'이라는 뜻이다. 따라서 정답은 (b)이다.
   (a) 사람 수의 증가로 교통이 더 나빠졌다.
   (b) 우리 숙제는 그 식물의 성장을 매일 지켜보는 것이다.

4 '태양이나 다른 별 주변에 있는 매우 크고 둥근 것'을 의미하는 planet(행성)이 정답이다.

끊어서 읽기

대부분의 나무들은 햇빛과 물을 사용한다 / 에너지를 만들기 위해.
¹ Most trees use sunlight and water / to make energy. ² With the
<small>to+동사원형 〈~하기 위해〉</small>

그 에너지로 / 그들은 키가 커진다 / 잎과 꽃을 만든다 / 그리고 열매를 맺는다.
energy, / they get tall, / make leaves and flowers, / and bear fruits.

그러나 / 바오바브나무는 다른 것과 조금 다르다. 그것들은
³ However, / baobab trees are a little different from others. ⁴ They

매우 적은 양의 물을 사용한다 // 그리고 그들은 공기를 흡수한다 잎의 작은 구멍을 통해.
use very little water, // and they take in air / through small

그것들은 매우 건조한 곳에 살기 때문에 /
openings in their leaves. ⁵ Because they live in such a dry place, /

다른 곳보다 더 적은 물이 있는 // 바오바브나무는 매우 천천히 자란다.
with less water than other places, // baobab trees grow very slowly.

또 다른 비밀이 있다 / 바오바브나무의 성장에. 당신은 심지어
⁶ There is another secret / to baobab trees' growth. ⁷ You can even

그것을 찾을 수 있다 / 「어린 왕자」에서. 그 책에서 / 왕자는 계속 밖으로 파낸다
find it / in *The Little Prince*. ⁸ In the book, / the prince keeps

바오바브나무의 뿌리를. 그는 무서워한다 //
digging out / the roots of baobab trees. ⁹ He is scared // that one
<small>(~인 것을)</small>

어휘 확인하기

sunlight 햇빛
bear 《동물》 곰; ~을 참다, ~을 견디다; (나무가 꽃이나 열매를) 피우다, 맺다
however 그러나, 그렇지만
take in ~을 섭취하다, ~을 흡수하다
through ~을 통해서
such 대단히, 매우
less 더 적은
grow 성장하다, 자라다
secret 비밀
growth 성장; (크기·양·정도의) 증가
even 심지어, ~조차도
dig out ~을 파내다
root 뿌리
scared 무서워하는, 겁먹은
destroy 파괴하다
planet 행성

어느 날 그 나무들이 그의 행성을 파괴할 것을.   바오바브나무의 뿌리는

day those trees will destroy his planet. ¹⁰ The roots of baobab trees

/   거대하고 매우 길다.   그 뿌리는 보통 자란다 / 두 배만큼 길게

/ are huge and very long. ¹¹ The roots usually grow / twice as long

/   그 나무의 높이의.   그것들은 매우 천천히 자란다   //   그래서 그것들은

as / the height of the tree. ¹² They grow very slowly, // so they can

더 오래 살 수 있다.

live longer.

huge 거대한
usually 보통, 대개, 일반적으로
twice 두 배로
height (사물의) 높이, 신장

해석 한눈에 보기

¹ 대부분의 나무는 에너지를 만들기 위해 햇빛과 물을 사용한다. ² 그 에너지로 그들은 키가 커지고, 잎과 꽃을 만들고, 열매를 맺는다. ³ 그러나 바오바브 나무는 다른 나무들과 조금 다르다. ⁴ 그것들은 매우 적은 양의 물을 사용하고, 그들의 잎의 작은 구멍을 통해 공기를 흡수한다. ⁵ 그것들은 다른 장소보다 물이 더 적은 매우 건조한 장소에 살기 때문에, 바오바브나무는 매우 천천히 자란다.
⁶ 바오바브나무의 성장에 또 다른 비밀이 있다. ⁷ 당신은 심지어 그것을 「어린 왕자」에서 찾을 수 있다. ⁸ 그 책에서 왕자는 계속해서 바오바브나무의 뿌리를 밖으로 파낸다. ⁹ 그는 어느 날 그 나무들이 그의 행성을 파괴할 것을 두려워한다. ¹⁰ 바오바브나무의 뿌리는 거대하고 매우 길다. ¹¹ 뿌리는 보통 나무의 높이의 두 배만큼 길게 자란다. ¹² 그것들은 매우 천천히 자라서 더 오래 살 수 있다.

필수 구문 확인하기

⁵ Because they live in **such a dry place**, with less water than other places, baobab trees grow very slowly.

▸ 「such+a[an]+형용사+명사」는 '매우 ~한 …것'라는 의미이다.

⁸ In the book, the prince **keeps digging out** the roots of baobab trees.

▸ 「keep+-ing」는 '계속해서 ~하다'의 의미이다.

¹¹ The roots usually grow **twice as *long*** as the height of the tree.

▸ 「twice as ~ as …」의 구조로 '…의 두 배 만큼 ~한'이라는 뜻이다.

---

02 [역사 | 근대 문물의 수용] 한 수도승의 음료 본문 p.88~91

교육부 지정 중학 필수 어휘
1 dry 2 asleep 3 strange 4 awake 5 thousand 6 berries

START READING!
1 ② 2 (1) T (2) F (3) T

KEEP READING!
1 (1) ② (2) ① (3) ② (4) ① (5) ③ 2 ③ 3 ① 4 the new drink 5 strange

---

KEEP READING! 해설

1 (5) 우연히 빨간 베리를 발견한 소년과 그 빨간 베리로 음료를 만든 수도승에 대한 이야기이다. 이 음료가 커피의 최초의 모습으로 다른 수도승들을 깨어 있게 도와주었다는 내용이므로 정답은 ③이다.

2 한 수도승이 칼디에게 자신과 다른 수도승들이 기도 중간에 잠이 든다(We ~ prayers.)고 말했으므로 정답은 ③이다.

3 빨간 베리를 발견한 후, 칼디의 염소들이 그것을 먹었으므로 ⓐ는 칼디(Kaldi)를 가리키며 나머지는 모두 수도승을 지칭한다. 따라서 정답은 ①이다.

4 밑줄 친 <u>it</u> 앞에서는 수도승과 다른 수도승들이 그 새로운 음료를 좋아했다고 했으며 뒤에는 그들이 그것을 왜 좋아했는지 설명하는 내용이 나온다. 따라서 같은 문장 안에 있는 the new drink가 정답이다.

5 ⓐ는 '정상인 것과는 다른, 이상한'이라는 뜻이고, ⓑ는 '낯선 것 혹은 낯선 사람'을 의미하므로 strange(이상한, 묘한; 낯선, 모르는)가 정답이다.

끊어서 읽기

약 천 년 전에 / 한 에티오피아 소년, 칼디는 그의 염소들을 보고 있었다.
¹ About a thousand years ago, / an Ethiopian boy, Kaldi, was

어느 날 / 그는 약간의 빨간 베리를 들판에서 발견했다
watching his goats. ² One day, / he found some red berries in a

// 그리고 그의 염소들이 그것의 일부를 먹었다. 그 후 /
field, // and his goats ate some of them. ³ After that, / the goats'

염소들의 행동이 이상했다. 그들은 활력으로 가득했다 / 그리고 춤을 추고 놀았다
behavior was strange. ⁴ They were full of energy / and dancing and

/ 밤늦게까지. 그래서 칼디는 그 베리를 먹어 보았다 // and
playing / until late in the night. ⁵ So, Kaldi tried the berries, // and

그리고 그도 기분이 아주 좋았다.
he also felt great.

얼마 후에 / 한 수도승이 지나가고 있을 때, // 그는 칼디와 염소들을 보았다.
⁶ Some time later, / when a monk was passing by, // he saw Kaldi

칼디가 그에게 베리에 대해 말했을 때 //
and the goats. ⁷ When Kaldi told him about the berries, //

수도승은 말했다 // "이것은 나와 다른 수도승을 도울 거야. 우리는 항상
the monk said, // "This will help me and other monks. ⁸ We always

잠이 들어 기도 중간에. 만약 우리가 그것을 먹으면 //
fall asleep / in the middle of prayers. ⁹ If we eat them, //

우리는 깨어 있을 수 있어."
we can stay awake."

수도승은 아이디어를 생각해 냈다 / 베리를 말려서 끓이는 것을 /
¹⁰ The monk came up with the idea / of drying and boiling the berries /
　　　　　　　　　　　　　　　　　　　 of+-ing 〈the idea와 동격 관계〉

음료를 만들기 위해. 그와 다른 수도승들은 새로운 음료를 무척 좋아했다 //
to make a drink. ¹¹ He and other monks loved the new drink //
to+동사원형 〈~하기 위해〉

그것은 그들이 기도하도록 기운을 북돋아 줬기 때문에 / 그리고 맛도 좋았다.
because it encouraged them to pray, / and tasted good, too.

어휘 확인하기

thousand 1,000, 천; 천의, 천 개의
berry 베리 《딸기류의 열매》
goat 염소
behavior 행동
strange 이상한, 묘한; 낯선, 모르는
energy 원기, 활력
pass by 지나가다
asleep 잠이 든
fall asleep 잠이 들다
in the middle of ~의 중간에, ~의 도중에
prayer 기도
awake 깨어 있는, 자지 않고; (자는 사람을) 깨우다, 깨어나다
come up with ~을 생각해 내다
dry 마른, 건조한; 말리다, 건조시키다
boil (물을) 끓다, 끓이다
encourage 기운을 북돋우다, ~을 격려하다
pray 기도하다

[선택지 어휘]
normal 정상적인
unusual 이상한
unfamiliar 낯선

해석 한눈에 보기

¹ 약 천 년 전에, 한 에티오피아 소년 칼디는 자신의 염소들을 보고 있었다. ² 어느 날 그는 들판에서 약간의 빨간 베리를 발견했고, 자신의 염소들이 그것을 좀 먹었다. ³ 그 후 염소들의 행동이 이상했다. ⁴ 그들은 활력으로 가득했고 밤늦게까지 춤을 추고 놀았다. ⁵ 그래서 칼디는 그 베리를 먹어 보았고 그도 기분이 무척 좋았다.

⁶ 얼마 후, 한 수도승이 지나가고 있을 때, 그는 칼디와 염소들을 보았다. ⁷ 칼디가 그에게 베리에 대해 말했을 때, 수도승은 말했다. "이것은 나와 다른 수도승들을 도와줄 거야. ⁸ 우리는 항상 기도 중간에 잠이 든단다. ⁹ 만약 우리가 그것을 먹으면 우리는 깨어 있을 수 있어."

¹⁰ 수도승은 음료를 만들기 위해 베리를 건조시키고 끓이는 아이디어를 생각해 냈다. ¹¹ 그것은 그들이 기도하도록 기운을 북돋아 주었고 맛도 좋았기 때문에, 그와 다른 수도승들은 새로운 음료를 무척 좋아했다.

필수 구문 확인하기

¹¹~, because it **encouraged** them **to pray**, and tasted good, too.

           V′   O′   C′

▶ 「encourage+목적어+to+동사원형」은 '~가 …하도록 기운을 북돋우다'라는 의미이다.

---

03 [국어 | 인물과 갈등] 마지막 잎새

교육부 지정 중학 필수 어휘

1 healthy 2 However 3 ill 4 illness 5 overcame 6 surprisingly

START READING!

1 병, 질병 2 he would draw

KEEP READING!

1 (1) ② (2) ② (3) ① (4) ③ (5) ③ 2 ① 3 ④ 4 healthy

KEEP READING! 해설

1 (5) 베어먼이 죽고 난 후에, 마지막 잎에 관련된 비밀을 존시와 수가 알게 된다는 내용이다. 그 마지막 잎 때문에 존시는 병을 이겼고, 그 속에 베어먼의 숨은 배려가 있었다는 내용이므로 정답은 ③이다.

2 폭풍이 지나간 다음 날 수는 모든 잎들이 사라졌을 거라고 생각했다(Sue thought, ~ gone.)고 했으며 존시에게 직접 말했다는 언급은 없으므로 정답은 ①이다.

3 밑줄 친 Behrman's secret(베어먼의 비밀)은 뒤에 베어먼이 존시를 위해 마지막 잎을 나무에 그려서 그것은 절대로 떨어지지 않았다(It never ~ for Johnsy!)는 내용이 나오므로 정답은 ④이다.

4 ⓐ는 '병[질병]이 없는'이라는 뜻이고, ⓑ는 '튼튼하고 아프지 않도록 도와주는'을 의미하므로 healthy(건강한; 건강에 좋은)가 정답이다.

끊어서 읽기

어느 날 오후 / 수가 베어먼에게 말했다 // "존시가 매우 아파요. 그녀는 죽을 거예요

¹ One afternoon, / Sue told Behrman, // "Johnsy is very ill. ² She will

// 마지막 잎이 떨어질 때." 그 날 밤 / 폭풍우가 강한 바람과 함께 왔다.

die // when the last leaf falls." ³ That night, / a storm came

오직 하나의 잎이 있었다 / 나무에 //

with strong winds. ⁴ There was only one leaf / on the tree, // and

그리고 수는 그것을 보았다.

Sue saw it.

다음 날 아침 / 존시는 창문을 열어 달라고 요청했다 / 그 나무를 보기 위해.

⁵ The next morning, / Johnsy asked to open the window / to see

                                  to+동사원형〈~하는 것을〉   to+동사원형〈~하기 위해〉

수는 생각했다 // "모든 잎들이 사라졌을 거야." 그러나 /

the tree. ⁶ Sue thought, // "All the leaves will be gone." ⁷ However, /

여전히 하나의 잎이 나무에 있었다! 존시는 생각했다 // 그것은

there was still one leaf on the tree! ⁸ Johnsy thought // it might fall

                                                  that

그날 떨어질 거라고 // 그러나 놀랍게도 그것은 여전히 그곳에 있었다 / 다음 날에도.

that day, // but surprisingly it was still there / on the next day, too.

어휘 확인하기

ill 병든, 아픈

storm 폭풍, 폭풍우

gone 사라진

however 그러나, 그렇지만

still 여전히

surprisingly 놀랍게도

change one's mind ~의 마음을 바꾸다, 생각을 바꾸다

overcome (고난, 역경 등을) 극복하다, 이겨내다

illness 병, 질병

healthy 건강한; 건강에 좋은

find out 알아내다, 알게 되다

secret 비밀

⁹ Because of the leaf, / Johnsy changed her mind. ¹⁰ She overcame

her illness / and became healthy again.

¹¹ Soon after, / a doctor told Sue, // "Behrman is very sick." ¹² Sadly,

Behrman died a short time later. ¹³ After he was dead, //

Sue and Johnsy found brushes and a palette outside. ¹⁴ Then they

found out Behrman's secret. ¹⁵ The last leaf on the tree / was his

masterpiece. ¹⁶ It never fell // because he painted it on the tree for Johnsy!

해석 한눈에 보기

¹ 어느 날 오후, 수는 베어먼에게 말했다. "존시가 매우 아파요. ² 그녀는 마지막 잎이 떨어지면 죽을 거예요." ³ 그날 밤 폭풍우가 강한 바람과 함께 왔다. ⁴ 나무에 오직 하나의 잎만 있었고 수가 그것을 보았다.

⁵ 다음 날 아침, 존시는 그 나무를 보기 위해 창문을 열어 달라고 요청했다. ⁶ 수는 생각했다. "모든 잎들이 사라졌을 거야." ⁷ 그런데 여전히 잎 하나가 나무에 있었다! ⁸ 존시는 그것이 그날 떨어질 거라고 생각했지만, 놀랍게도 그것은 다음 날에도 여전히 그곳에 있었다. ⁹ 그 잎 때문에 존시는 마음을 바꿨다. ¹⁰ 그녀는 병을 이겨내고 다시 건강해졌다.

¹¹ 얼마 되지 않아, 의사가 수에게 말했다. "베어먼 씨가 매우 아파요." ¹² 슬프게도 베어먼은 얼마 지나지 않아 죽었다. ¹³ 그가 죽은 후, 수와 존시는 붓과 팔레트를 밖에서 발견했다. ¹⁴ 그때 그들은 베어먼의 비밀을 알게 되었다. ¹⁵ 나무 위의 마지막 잎은 그의 걸작이었다. ¹⁶ 그것은 그가 존시를 위해 나무 위에 그렸기 때문에 절대로 떨어지지 않았다!

필수 구문 확인하기

⁵ The next morning, Johnsy asked to open the window **to see** the tree.

▶ to see는 '보기 위해'라는 의미로 '목적'을 나타내는 부사적 용법의 to부정사이다.

⁸ Johnsy thought (that) it might fall that day, but surprisingly it was still there on the next day, too.
   V   O

▶ thought 뒤에 명사절을 이끄는 접속사 that이 생략되었다. it might fall that day는 thought의 목적어이다.

04 [사회 | 문화의 이해와 창조] 왼손잡이의 아픔   본문 p.96~99

교육부 지정 중학 필수 어휘
1 pointed 2 shook 3 polite 4 handed 5 agreement 6 items

START READING!

1 (1) F (2) T (3) T 2 hand do you use more

KEEP READING!

1 (1) ② (2) ② (3) ① (4) ③ (5) ② 2 ② 3 (a) 4 shake

KEEP READING! 해설

1 (5) 오늘날에 아직 존재하는 왼손잡이에 대한 편견을 소개하는 글이다. 인도 사람들과 무슬림들은 씻을 때만 왼손을 사용하며, 가나와 중국 사람들은 왼손으로 무언가를 건네주면 예의 바르지 않고 사업에 나쁜 영향을 줄 것이라고 믿었다는 내용이므로 정답은 ②이다.

2 스코틀랜드의 일부 지역에서는 왼손잡이를 만나는 것은 여행 중에 불행을 가져올 것이라 믿는다(In some ~ a trip.)고 했으므로 글의 내용과 일치하지 않는 것은 ②이다.

3 본문의 point는 '가리키다'라는 뜻이다. 따라서 정답은 (a)이다.
   (a) 누군가를 손가락으로 가리키면 안 된다.
   (b) 그녀는 축구 경기에서 한 점을 올렸다.

4 ⓐ는 '무언가를 잡고 위아래나 좌우로 빠르게 움직이는 것'을 의미하고, ⓑ는 '인사나 축하할 때 다른 사람의 손을 잡는 것'을 의미하므로 정답은 shake(흔든다, 흔들리다; 악수하다)이다.

끊어서 읽기

인도 사람들과 무슬림들은 그들의 왼손을 사용하지 않는다 // 그들이 먹거나
¹ Indians and Muslims do not use their left hand // when they eat

악수를 할 때.　그들은 생각한다 // 왼손은 단지 몸을 닦기 위한 것이라고.
or shake hands. ² They think // that the left hand is only for cleaning
（~인 것을）

themselves.　스코틀랜드의 일부 지역에서는 / 사람들은 믿는다 //
themselves. ³ In some parts of Scotland, / people believe // that
（~인 것을）

왼손잡이를 만나는 것은 / 당신에게 불운을 가져올 것이라고 / 여행에서.
meeting a left-handed person / will bring you bad luck / on a trip.

가나에서는 / 왼손을 사용하는 것은 예의 바르지 않다 // 당신이 손가락으로 가리키거나
⁴ In Ghana, / it is not polite to use the left hand // when you point,

손짓을 할 때 / 또는 물품을 주거나 받을 때.　그들은 심지어 왼손을 둔다
gesture, / or give or receive items. ⁵ They even put their left hand

/ 그들 뒤에 // 그들이 누군가에게 지시할 때.
/ behind them // when they give directions to someone. ⁶ Chinese

중국 사람들 또한 믿는다 // 왼손을 사용하는 것은 / 불운을 가져온다고.
people also believe // that using the left hand / brings bad luck.
（~인 것을）

그들이 명함을 건넬 때 / 왼손으로
⁷ When they hand their name card / with the left hand

/ 비즈니스 거래에서 // 그들은 아마 합의를 이루는 데 실패할 것이다.
/ in a business deal, // they will probably fail to reach an
to+동사원형 〈~하는 것을〉

agreement.

그러나 / 많은 왼손잡이인 사람들이 있다 / 전 세계에.
⁸ However, / there are lots of left-handed people / around the

모든 사람의 거의 10퍼센트가 / 지구상에 / 왼손을 사용한다 /
world. ⁹ Almost 10% of all people / on Earth / use their left hand /

쓰고, 먹고, 일하기 위해.　많은 유명한 사람들이 왼손잡이이다
to write, eat, and work. ¹⁰ Many famous people are left-handed, /
to+동사원형 〈~하기 위해〉

아리스토텔레스, 나폴레옹, 베토벤, 아인슈타인 그리고 빌 게이츠 같은.
such as Aristotle, Napoleon, Beethoven, Einstein, and Bill Gates.

어휘 확인하기

hand 손; 직접 건네주다, 넘겨주다
shake 흔든다, 흔들리다; 악수하다
left-handed 왼손잡이의
polite 공손한, 예의 바른
point 의견, 주장; 점수; 가리키다, 손가락질하다
gesture 손짓을 하다
receive 받다
item 항목, 품목, 물품
give directions to A A에게 지시하다
name card 명함
deal 거래
probably 아마
fail 실패하다
reach ~에 이르다, 닿다
agreement 동의, 합의
however 그러나, 그렇지만
such as ~와 같은

[선택지 어휘]
greeting 인사

해석 한눈에 보기

¹ 인도 사람들과 무슬림들은 먹거나 악수할 때 왼손을 사용하지 않는다. ² 그들은 왼손은 오로지 몸을 씻기 위한 것이라고 생각한다. ³ 스코틀랜드의 일부 지역 사람들은 왼손잡이를 만나는 것이 여행 중에 당신에게 불운을 가져올 것이라고 믿는다. ⁴ 가나에서는 당신이 손가락으로 가리키거나 손짓을 하거나, 또는 물건을 주거나 받을 때 왼손을 사용하는 것은 예의 바르지 않다. ⁵ 그들은 심지어 다른 사람에게 지시할 때 왼손을 자신의 뒤에 둔다. ⁶ 중국 사

람들도 왼손을 사용하는 것은 불운을 가져온다고 믿는다. 7 비즈니스 거래에서 그들이 왼손으로 명함을 건넬 때, 그들은 아마 합의에 이르는 데 실패할 것이다.

8 그러나 전 세계에 많은 왼손잡이 사람들이 있다. 9 지구상의 모든 사람 중 거의 10퍼센트가 쓰고, 먹고, 일하기 위해 자신의 왼손을 사용한다. 10 아리스토텔레스, 나폴레옹, 베토벤, 아인슈타인, 그리고 빌 게이츠 같은 많은 유명한 사람들이 왼손잡이이다.

필수 구문 확인하기

2 They think **that** the left hand is only for cleaning themselves.

    ▶ that은 명사절을 이끄는 접속사이며 that the left ~ themselves는 think의 목적어이다.

3 ~, people believe **that meeting a left-handed person** will bring you bad luck on a trip.
                                 S'   V'   IO'   DO'

    ▶ that은 명사절을 이끄는 접속사이고 that meeting ~ on a trip은 believe의 목적어이다. 동명사구인 meeting a left-handed person은 that절의 주어이다.

4 In Ghana, **it** is not polite **to use** the left hand when you point, gesture, *or* give *or* receive items.
                                                     A   B   C

    ▶ it은 가주어이고, to use ~ items가 진주어이다.

    ▶ 첫 번째 or는 point, gesture, give or receive items를 연결하고, 두 번째 or는 give와 receive를 연결한다.

Chapter 06

01 [국어 | 감동을 주는 글] 신발 한 짝

본문 p.102~105

교육부 지정 중학 필수 어휘
1 stepped 2 track 3 station 4 landed 5 worried

START READING!

1 ④ 2 (철도의) 역, 정거장

KEEP READING!

1 (1) ② (2) ② (3) ③ (4) ① (5) ② 2 ② 3 ② 4 (b)

KEEP READING! 해설

1 (5) 간디가 실수로 떨어뜨린 신발 한 짝 근처에 가난한 누군가를 위해 다른 한 짝도 던졌다는 내용으로 간디의 배려심을 보여준다. 따라서 정답은 ②이다.

2 간디가 떨어진 신발을 다시 주우려는 시도는 했지만 기차에서 내렸다는 언급은 없었다. 따라서 정답은 ②이다.

3 빈칸 앞부분에서는 모든 사람들이 간디의 행동을 보고 있었다는(Everyone ~ watching)는 내용이 나오고, 빈칸 뒤로는 아무도 그의 행동을 이해하지 못했다고 했으므로 정답은 역접의 연결사인 ②이다.
① 그다음에 ② 그러나 ③ 아니면 ④ 그래서

4 본문의 stayed는 '~인 채로 있다, ~하게 유지하다'라는 뜻이다. 따라서 정답은 (b)이다.
(a) 비가 오기 시작해서 그 아이들은 안에 머물렀다.
(b) 그 가게는 어제 5시까지 문을 닫은 채로 있었다.

끊어서 읽기

어느 날 / 간디는 역에 갔다 / 기차를 타기 위해.
¹ One day, / Gandhi went to the station / to take a train. ² When he
　　　　　　　　　　　　　　　　　　　　　　to+동사원형 〈~하기 위해〉

그가 기차에 올라탔을 때 // 그의 신발 한 짝이 벗겨졌다 / 그리고 선로 위에 떨어졌다.
stepped onto the train, // one of his shoes fell off / and landed on

그는 그것을 줍기 위해 노력했다 // 그러나 기차가 움직이기 시작했다.
the tracks. ³ He tried to pick it up, // but the train started to move.
　　　　　　　　　　　　　　　　　　　　　　　　to+동사원형 〈~하는 것을〉

그의 주변에 있는 사람들은 / 걱정스러워 보였다 // 그러나 간디는 침착함을 유지했다.
⁴ People around him / looked worried, // but Gandhi stayed calm.

그는 그저 일어섰다 / 그리고 그의 다른 신발도 벗었다.
⁵ He just stood up / and took off his other shoe as well.

모든 사람들이 지켜보고 있었다 // 그러나 아무도 이해하지 못했다. 그다음에 간디는
⁶ Everyone was watching, // but no one understood. ⁷ Then, Gandhi

그의 두 번째 신발을 던졌다 / 선로로 / 첫 번째 신발 근처에.
threw his second shoe / onto the tracks / near the first shoe.

호기심에서 / 다른 승객 중 한 명이 / 간디에게 물었다 //
⁸ Out of curiosity, / one of the other passengers / asked Gandhi, //

"왜 두 번째 신발을 던지셨나요?" 간디는 웃었다 / 그리고
"Why did you throw the second shoe?" ⁹ Gandhi smiled / and

어휘 확인하기

one day 어느 날

station (철도의) 역, 정거장

step 걸음, 발걸음; (발걸음을 떼어놓아) 움직이다, 서다

onto ~ 위에

land 육지, 땅; (비행기 등이) 착륙하다, 도착하다; 떨어지다, 땅에 부딪치다

track 지나간 자취, 흔적; (기차) 선로

pick A up A를 집다

worried 걱정하는

calm 침착한, 차분한

take off (옷 등을) 벗다

as well ~도, 또한

then 그다음에

throw 던지다

out of curiosity 호기심에서

other 다른, 그 밖의

질문에 답했다.   *가난한 누군가가 그 신발 한 켤레를 찾을 것이다

answered the question. ¹⁰ "Someone poor will find the pair of shoes

/ 그리고 그것들을 사용할 것이다." //   간다는 대답했다.

/ and use them," // Gandhi answered.

passenger 승객
pair (두 개로 된) 한 쌍

해석 한눈에 보기

¹ 어느 날, 간디는 기차를 타기 위해 역에 갔다. ² 그가 기차에 올라탔을 때, 그의 신발 한 짝이 벗겨져 선로 위에 떨어졌다. ³ 그는 그것을 줍기 위해 노력했지만, 기차가 움직이기 시작했다. ⁴ 그의 주변에 있는 사람들은 걱정스러워 보였지만, 간디는 차분했다. ⁵ 그는 그저 일어서서 다른 신발도 벗었다. ⁶ 모든 사람들이 지켜보고 있었지만, 아무도 이해하지 못했다. ⁷ 그다음에, 간디는 그의 두 번째 신발을 선로 위 첫 번째 신발 근처에 던졌다. ⁸ 호기심에서, 다른 승객 중 한 명이 간디에게 물었다. "왜 두 번째 신발을 던지셨나요?" ⁹ 간디는 웃으며 질문에 답했다. ¹⁰ "가난한 누군가가 그 신발 한 켤레를 찾아 그것들을 사용할 것이다."라고 간디는 대답했다.

필수 구문 확인하기

¹ One day, Gandhi went to the station **to take** a train.

▶ to take는 '타기 위해'라는 뜻으로 부사적 용법으로 쓰인 to부정사이다.

¹⁰ "*Someone* poor will **find** the pair of shoes **and** (will) **use** them," Gandhi answered.

▶ Someone을 꾸며주는 형용사는 뒤에서 수식한다. 조동사 will 뒤에 나오는 동사원형 find, use는 and로 대등하게 연결되었다.

---

02 [사회 | 문화의 다양성과 세계화] 크리스마스와 산타클로스의 유래

본문 p.106~109

교육부 지정 중학 필수 어휘
1 secret 2 village 3 feed 4 through 5 received

START READING!
1 마을 2 (1) T (2) F (3) T

KEEP READING!
1 (1) ③ (2) ① (3) ② (4) ① (5) ② 2 ① 3 ③ 4 secret

KEEP READING! 해설

1 (5) 니콜라스가 한 가난한 가족을 도와준 일화를 소개하는 글이다. 니콜라스는 몰래 그 집의 굴뚝을 통해 금이 든 자루들을 떨어뜨렸고, 그것이 우연히 걸어 둔 긴 양말에 하나씩 들어갔다는 내용으로 크리스마스에 벽난로에 긴 양말을 걸게 된 유래를 설명하고 있다. 따라서 정답은 ②이다.

2 니콜라스가 가난한 남자의 슬픈 이야기를 들은 후 그의 집을 찾아갔다(That night ~ house.)고는 했지만 그의 이야기를 마을에 퍼뜨렸다는 언급은 없었으므로 정답은 ①이다.

3 세탁 후에 벽난로에 건조시키기 위해 걸어 둔 것은 양말이므로 ⓒ는 긴 양말(stockings)을 가리키며 나머지는 모두 세 자매를 지칭한다. 따라서 정답은 ③이다.

4 (1) 너는 (A) 비밀을 지켜줄 수 있어? 아무에게도 말하지 마.
(2) 그 방은 나의 (B) 비밀의 장소였어. 나는 그곳 안에 숨곤 했어.
첫 번째 문장의 (A)는 '비밀'이라는 말이 들어가고, 두 번째 문장의 (B)는 '비밀의'라는 말이 들어가야 적절하므로, 정답은 secret(비밀의, 기밀의; 비밀, 숨겨진 것)이다.

어느 마을에서 / 니콜라스는 아주 슬픈 이야기를 들었다 / 가난한 늙은 남자와

¹ In one village, / Nicholas heard a very sad story / of a poor old

그의 세 어린 딸들의. 그 남자는 더 이상 딸들을 먹여 살릴 수 없었다

man and his three young daughters. ² The man could no longer

/ 그리고 그들을 떠나 보내야 했다. 그날 밤 /

feed his daughters / and had to send them away. ³ That night, /

니콜라스는 늙은 남자의 집으로 갔다. 그는 지붕으로 올라갔다

Nicholas went to the old man's house. ⁴ He climbed up to the

/ 굴뚝을 찾기 위해서. 거기에서 니콜라스는 금이 담긴 세 개의 자루를

rooftop / to find the chimney. ⁵ There Nicholas dropped three bags

to+동사원형 〈~하기 위해〉

아래로 떨어뜨렸다 / 굴뚝을 통해서. 그 날 좀 더 이른 시간에 /

of gold down / through the chimney. ⁶ Earlier that day, / the three

세 자매는 그들의 긴 양말을 세탁했다 / 그리고 그것을 벽난로 옆에 걸어 두었다 /

sisters washed their stockings / and hung them by the fireplace /

말리기 위해서. 금이 든 각각의 작은 가방은 / 아래의 각각 다른 긴 양말 안으로 떨어졌다

to dry. ⁷ Each small bag of gold / fell into a different stocking below.

to+동사원형 〈~하기 위해〉

다음 날 아침 / 소녀들은 금 동전을 발견했다 / 그들의 긴 양말 안에서.

⁸ The next morning, / the girls found gold coins / in their stockings.

"아빠!" 그들은 소리쳤다 / 그리고 그를 깨우기 위해 달려갔다. "우리가 마법의 선물을 받았어요!"

⁹ "Father!" they called / and ran to wake him. ¹⁰ "We received

to+동사원형 〈~하기 위해〉

이 세 자매의 이야기는 / 마을에서 마을로 퍼졌다.

a magical gift!" ¹¹ The story of these three sisters / spread from

사람들은 그들의 긴 양말을 걸기 시작했다 / 불 옆에

village to village. ¹² People began to hang their stockings / by the

to+동사원형 〈~하는 것을〉

/ 그리고 비밀의 선물을 바라기를 (시작했다) / 다음 날 아침에.

fire / and hope for a secret gift / the next morning.

village 마을

hear 듣다, 들리다

no longer 더 이상 ~ 아닌

feed 밥을 먹이다, 먹이를 주다;
(가족 등을) 먹이다, 먹여 살리다;
먹을 것을 먹다

send A away A를 떠나 보내다,
A를 멀리 보내다

rooftop (건물의) 지붕, 옥상

chimney 굴뚝

through ~을 통해서, ~을 지나서

stocking 긴 양말, 스타킹 《보통
무릎 위까지 오는 것》

hang 걸다, 달아매다

fireplace 벽난로

receive (제공·배달된 것 등을)
받다, 수령하다

magical 마술의, 마법의

spread 퍼지다

secret 비밀의, 기밀의; 비밀, 숨겨
진 것

해석 한눈에 보기

¹ 어느 마을에서 니콜라스는 한 가난하고 늙은 아버지와 그의 세 어린 딸들에 대한 아주 슬픈 이야기를 들었다. ² 그 남자는 더 이상 딸들을 먹여 살릴 수가 없어서 그들을 떠나 보내야만 했다. ³ 그날 밤, 니콜라스는 그 늙은 남자의 집으로 갔다. ⁴ 그는 굴뚝을 찾기 위해 지붕으로 올라갔다. ⁵ 거기에서 니콜라스는 금이 든 세 개의 자루를 굴뚝을 통해 아래로 떨어뜨렸다. ⁶ 그 날 좀 더 이른 시간에, 세 자매는 자신의 긴 양말을 세탁하고 그것을 말리기 위해 벽난로 옆에 걸어 두었다. ⁷ 각각의 작은 금 가방은 아래의 각각 다른 긴 양말 안으로 떨어졌다. ⁸ 다음 날 아침, 소녀들은 자신의 긴 양말에서 금 동전을 발견했다. ⁹ "아빠!" 그들은 소리쳤고 그를 깨우기 위해 달려갔다. ¹⁰ "우리는 마법의 선물을 받았어요!" ¹¹ 이 세 자매의 이야기는 마을에서 마을로 퍼졌다. ¹² 사람들은 자신의 긴 양말을 불 옆에 걸고 다음 날 아침 비밀의 선물을 바라기 시작했다.

필수 구문 확인하기

² The man could **no longer** feed his daughters and had to send them away.

▶ no longer는 '더 이상 ~ 아닌'의 의미이며 여기에서는 '더 이상 먹여 살릴 수 없다'로 해석한다.

03 [수학 | 식의 계산] 데카르트의 프란신 인형

교육부 지정 중학 필수 어휘

1 headed **2** probably **3** crew **4** curse **5** dump **6** board

START READING!

1 ② **2** as long as he wanted

KEEP READING!

1 (1) ① (2) ③ (3) ③ (4) ② **2** ④ **3** curse **4** ①

KEEP READING! 해설

1 (4) 데카르트는 딸이 죽은 후, 딸을 닮은 인형을 만들었고 이것을 우연히 배에 탄 선원들이 발견해서 바다에 버린 일화를 소개하므로 정답은 ②이다.

2 그 인형을 보고 선원들이 두려워서 그것을 바다에 버렸다(so they ~ the sea.)고 했으므로 글의 내용과 일치하지 않는 것은 ④이다.

3 ⓐ는 '누군가에게 나쁜 일이 생기기를 바라는 것'이라는 뜻이고, ⓑ는 '무례한 단어 혹은 어구'를 의미하므로 curse(저주하다; 욕(설), 악담)가 정답이다.

4 첫 번째 빈칸 ①을 포함한 문장은 '나는 편지를 보았지만, 걱정하지 마라.'의 의미이며, 두 번째 빈칸 ②를 포함한 문장은 '나는 그것을 읽지 않았다.'는 내용이다. by chance는 '우연히, 뜻밖에'라는 의미이므로 문맥상 우연히 편지를 보았지만 읽지 않았다는 내용이 자연스러우므로 정답은 ①이다.

끊어서 읽기

¹ René Descartes had a daughter, Francine. ² When Francine was 5
years old, // Descartes made plans to take her to France / for
education, // but Francine died of a disease / before her sixth
birthday. ³ He was very sad / over the death of his daughter. ⁴ So,
he made a doll / and carried it with him all the time.
⁵ In 1649, / Queen Christina of Sweden asked Descartes / to be her
teacher, // so he boarded a ship / to meet the queen. ⁶ While the
ship was heading for Sweden, // the crew found Descartes' doll /
by chance. ⁷ The doll looked just like a 5-year-old Francine. ⁸ It could
even sit up straight / and turn its eyes / to look at them. ⁹ The

어휘 확인하기

education 교육

disease 병, 질병

Sweden 스웨덴

board 판자, 널빤지; (배·기차·버스·비행기 등에) 타다

head 머리; 제일의, 주요한; (어떤 지점으로) 나아가다, 전진하다

crew (승객을 제외한) 승무원 전원; (고급 선원을 제외한) 일반 선원들

by chance 우연히

even 심지어, ~조차도

straight 똑바로

curse 저주하다; 욕(설)을 하다; 저주; 욕(설), 악담

under a curse 저주를 받아

land (비행기나 배를 타고) 도착하다, 착륙하다

dump (쓰레기를) 버리다

probably 아마도, 대개는

somewhere 어딘가에, 어딘가로

bottom 밑, 바닥

the North Sea 북해

그 선원들은 두려워했다   //   그것이 저주를 받았다고.   그들은 생각했다   //

crew was afraid // that it was under a curse. ¹⁰ **They thought //**
$\qquad$(~인 것을)

어떤 나쁜 일이 일어날 수 있다고   //   그들이 도착하기 전에   // 그래서 그들은

something bad could happen // before they landed, // so they

그것을 바다에 버렸다.   아마   /   프란신은 여전히 어딘가에 있을 것이다   /

dumped it into the sea. ¹¹ **Probably, / Francine is still somewhere /**

오늘날 그 북해 바닥에.

at the bottom of the North Sea today.

[선택지 어휘]
rude 무례한
phrase 어구

해석 한눈에 보기

¹ 르네 데카르트에게는 프란신이라는 딸이 있었다. ² 프란신이 다섯 살이었을 때, 데카르트는 교육을 위해 프란신을 프랑스로 데려갈 계획을 세웠지만, 프란신은 그녀의 여섯 번째 생일 전에 질병으로 죽었다. ³ 데카르트는 딸의 죽음으로 매우 슬퍼했다. ⁴ 그래서 그는 인형을 만들어서 항상 지니고 다녔다. ⁵ 1649년에 스웨덴의 크리스티나 여왕은 데카르트에게 자신의 스승이 되어 달라고 청했고, 그는 여왕을 만나기 위해 배에 탔다. ⁶ 그 배가 스웨덴을 향해 가는 동안, 선원들이 우연히 데카르트의 인형을 발견했다. ⁷ 그 인형은 다섯 살 때의 프란신과 꼭 닮았다. ⁸ 그것은 심지어 똑바로 앉고 그들을 보기 위해 눈을 돌릴 수 있었다. ⁹ 선원들은 그것이 저주를 받았다고 두려워했다. ¹⁰ 그들은 자신들이 도착하기 전에 어떤 나쁜 일이 일어날 수 있다고 생각해 그것을 바다에 버렸다. ¹¹ 아마 프란신은 오늘날 여전히 북해 바닥 어딘가에 있을 것이다.

필수 구문 확인하기

⁵ In 1649, Queen Christina of Sweden **asked Descartes to be** her teacher, so he boarded a ship **to meet** the queen.

▶ 「ask+목적어+to+동사원형」은 '~에게 …해 달라고 요청하다'의 의미이다. to meet은 '만나기 위해서'라는 뜻으로 부사적 용법으로 쓰인 to부정사이다.

¹⁰ They thought (**that**) *something* bad could happen before they landed, so they dumped it into the sea.

▶ thought 뒤에 명사절을 이끄는 접속사 that이 생략되어 있다. something ~ landed는 thought의 목적어이다. something을 꾸며 주는 형용사는 뒤에서 수식한다.

---

04 [역사 | 통일 제국의 등장] 헬레니즘
본문 p.114~117

교육부 지정 중학 필수 어휘
1 affected   **2** characteristics   **3** lasts   **4** cultural   **5** mainly   **6** exchange   **7** mix

START READING!

1 (1) T (2) T (3) F   **2** 문화의, 문화적인

KEEP READING!

1 (1) ② (2) ① (3) ② (4) ③ (5) ①   **2** 알렉산드리아, 인도   **3** ③   **4** Mix[mix]

KEEP READING! 해설

1 (5) 고대 그리스 문화를 기반으로 한 헬레니즘을 소개하는 글로, 헬레니즘이 여러 나라에 변화를 가져왔다는 내용이다. 따라서 정답은 ①이다.

2 본문에서는 헬레니즘 문화의 중심지는 이집트에 있는 알렉산드리아였고, 그다음에 인도로 옮겨갔다(Alexandria ~ culture. Then ~ to India.)고 했으므로 각각의 빈칸에 알맞은 정답은 '알렉산드리아'와 '인도'이다.

3 빈칸 앞부분에서는 간다라 미술은 그리스의 예술 양식이다(Gandhars art ~ art.)라는 내용이 나오고 빈칸 뒤에는 인도에 있는 많은 조각상은 그리스 사람처럼 생겼다고 설명하고 있다. 앞과 뒤의 내용이 인과관계를 나타내므로 정답은 ③이다.
   ① 그러나   ② 그러면   ③ 그래서   ④ 그리고

4 (1) 빨간색과 파란색을 (A) 섞어라. 너는 보라색을 얻을 것이다.

(2) 물은 주스 같은 것과는 (B) 섞일 수 있지만 기름과는 아니다.

첫 번째 문장의 (A)는 '섞다'라는 말이 들어가고, 두 번째 문장의 (B)는 '섞이다'라는 말이 들어가야 적절하므로 정답은 Mix[mix](섞다, 섞이다, 혼합하다)이다.

끊어서 읽기

¹ The word "hellenism" means / "the cultural characteristics of Greece." ² The base of Hellenism / is mainly ancient Greek culture. ³ It lasted from 323 B.C. to 31 B.C. / and brought changes to Europe, Africa, and Asia. ⁴ When Alexander the Great ruled Persia, // he tried to mix / Greek culture and Asian culture. ⁵ This went on / even after Alexander's death / and greatly spread Greek culture. ⁶ During that time, / people learned new subjects, / traded, and exchanged their knowledge. ⁷ Alexandria, a city in Egypt, / was the center of Hellenistic culture. ⁸ Then the culture moved on to India. ⁹ The most famous form / was "Gandhara art." ¹⁰ Gandhara art is a Greek style of art. ¹¹ So, many statues in India / look like Greek people. ¹² Later on, / Gandhara art also affected / art in China and Korea, too.

어휘 확인하기

mean ~을 의미하다
cultural 문화의, 문화적인
characteristic 특질, 특색; 특질 있는, 특징적인
base 기반, 토대
mainly 주로, 대부분은
ancient 고대의
Greek 그리스의
last 마지막의; 가장 최근에, 마지막으로; (특정한 시간 동안) 계속되다, 지속되다
rule 지배하다, 통치하다
mix 섞다, 섞이다, 혼합하다
go on (어떤 상황이) 계속되다
spread 퍼지다, 퍼뜨리다
subject 과목
trade 무역하다
exchange 교환; ~을 교환하다
knowledge 지식
center 중심
style 방식, 양식
statue 조각상
affect 영향을 미치다

해석 한눈에 보기

¹ '헬레니즘'이라는 단어는 '그리스의 문화적 특징'을 의미한다. ² 헬레니즘의 기반은 대부분 고대 그리스 문화이다. ³ 그것은 기원전 323년부터 기원전 31년까지 지속됐고 유럽, 아프리카, 아시아에 변화를 가져왔다. ⁴ 알렉산더 대왕이 페르시아를 통치했을 때, 그는 그리스 문화와 아시아 문화를 혼합하려 노력했다. ⁵ 이것은 알렉산더 대왕의 죽음 이후에도 계속되었고, 그리스 문화를 널리 퍼뜨렸다. ⁶ 그 기간 동안에 사람들은 새로운 과목을 배웠으며, 무역을 했고, 그들의 지식을 교환했다. ⁷ 이집트의 도시인 알렉산드리아는 헬레니즘 문화의 중심지였다. ⁸ 그리고 나서 그 문화는 인도로 옮겨갔다. ⁹ 가장 유명한 형태는 '간다라 미술'이었다. ¹⁰ 간다라 미술은 그리스의 예술 양식이다. ¹¹ 그래서 인도의 많은 조각상들은 그리스 사람들을 닮았다. ¹² 이후에 간다라 미술은 또한 중국과 한국의 미술에도 영향을 미쳤다.

필수 구문 확인하기

⁴ When Alexander the Great ruled Persia, he **tried to mix** Greek culture and Asian culture.

▶ 「try to+동사원형」은 '~하려고 노력하다[애쓰다]'의 의미이다.

READING RELAY
STARTER 1, 2

READING RELAY
CHALLENGER 1, 2

READING RELAY
MASTER 1, 2

어휘별 암기팁으로 쉽게 학습하는

어휘끝 중학 시리즈

Word Complete

어휘끝 중학 필수

어휘끝 중학 마스터

1 최신 교과과정을 반영한 개정판 발간

2 중학생을 위한 5가지 종류의 암기팁 제시

3 학습을 돕는 3가지 버전의 MP3 제공 (QR코드)

4 Apply, Check & Exercise, 어휘테스트 등 반복 암기 체크

중학 필수	12,000원
수록 어휘 수	1,300개
대상	중학 기본·필수 어휘를 익히고자 하는 학생
예상 학습 기간	8주

중학 마스터	12,000원
수록 어휘 수	1,000개
대상	중학 고난도·고등 기초 어휘를 학습하려는 학생
예상 학습 기간	8주

재미나고 효과적인
단어학습이 되도록
쉬운 **어원 풀이**

뜻이 쏙쏙 박히는
명쾌한 **뜻 풀이**

핵심 뜻이 명확하게
이해되는 **뉘앙스 차이**,
기억을 돕는 **삽화**

의미들을 서로 연결하여
한층 암기가 수월한
다의어

쎄듀

쎄듀 초·중등 커리큘럼

초등

	예비초	초1	초2	초3	초4	초5	초6
구문		신간 **천일문 365 일력** |초1-3| 교육부 지정 초등 필수 영어 문장		**초등코치 천일문 SENTENCE** 1001개 통문장 암기로 완성하는 초등 영어의 기초			
문법					**초등코치 천일문 GRAMMAR** 1001개 예문으로 배우는 초등 영문법		
			왓츠 Grammar		Start (초등 기초 영문법) / Plus (초등 영문법 마무리)		
독해				**왓츠 리딩 70 / 80 / 90 / 100 A / B** 쉽고 재미있게 완성되는 영어 독해력			
어휘			**초등코치 천일문 VOCA&STORY** 1001개의 초등 필수 어휘와 짧은 스토리				
		패턴으로 말하는 초등 필수 영단어 1 / 2		문장 패턴으로 완성하는 초등 필수 영단어			
ELT	**Oh! My PHONICS 1 / 2 / 3 / 4**		유·초등학생을 위한 첫 영어 파닉스				
		Oh! My SPEAKING 1 / 2 / 3 / 4 / 5 / 6 핵심 문장 패턴으로 더욱 쉬운 영어 말하기					
		Oh! My GRAMMAR 1 / 2 / 3 쓰기로 완성하는 첫 초등 영문법					

중등

	예비중	중1	중2	중3
구문		**천일문 STARTER 1 / 2**		중등 필수 구문 & 문법 총정리
문법		**천일문 GRAMMAR LEVEL 1 / 2 / 3**		예문 중심 문법 기본서
		GRAMMAR Q Starter 1, 2 / Intermediate 1, 2 / Advanced 1, 2		학기별 문법 기본서
		잘 풀리는 영문법 1 / 2 / 3		문제 중심 문법 적용서
		GRAMMAR PIC 1 / 2 / 3 / 4		이해가 쉬운 도식화된 문법서
			1센치 영문법	1권으로 핵심 문법 정리
문법+어법			**첫단추 BASIC 문법·어법편 1 / 2**	문법·어법의 기초
문법+쓰기		**EGU 영단어&품사 / 문장 형식 / 동사 써먹기 / 문법 써먹기 / 구문 써먹기**		서술형 기초 세우기와 문법 다지기
				올씀 1 기본 문장 PATTERN 내신 서술형 기본 문장 학습
쓰기		**거침없이 Writing LEVEL 1 / 2 / 3**		중등 교과서 내신 기출 서술형
		중학 영어 쓰작 1 / 2 / 3		중등 교과서 패턴 드릴 서술형
어휘		신간 **천일문 VOCA 중등 스타트/필수/마스터**		2800개 중등 3개년 필수 어휘
		어휘끝 중학 필수편 중학 필수어휘 1000개	**어휘끝 중학 마스터편** 고난도 중학어휘 +고등기초 어휘 1000개	
독해		신간 **ReadingGraphy LEVEL 1 / 2 / 3 / 4**		중등 필수 구문까지 잡는 흥미로운 소재 독해
		Reading Relay Starter 1, 2 / Challenger 1, 2 / Master 1, 2		타교과 연계 배경 지식 독해
		READING Q Starter 1, 2 / Intermediate 1, 2 / Advanced 1, 2		예측/추론/요약 사고력 독해
독해전략			**리딩 플랫폼 1 / 2 / 3**	논픽션 지문 독해
독해유형			**Reading 16 LEVEL 1 / 2 / 3**	수능 유형 맛보기 + 내신 대비
			첫단추 BASIC 독해편 1 / 2	수능 유형 독해 입문
듣기		**Listening Q 유형편 / 1 / 2 / 3**		유형별 듣기 전략 및 실전 대비
		쎄듀 빠르게 중학영어듣기 모의고사 1 / 2 / 3		교육청 듣기평가 대비